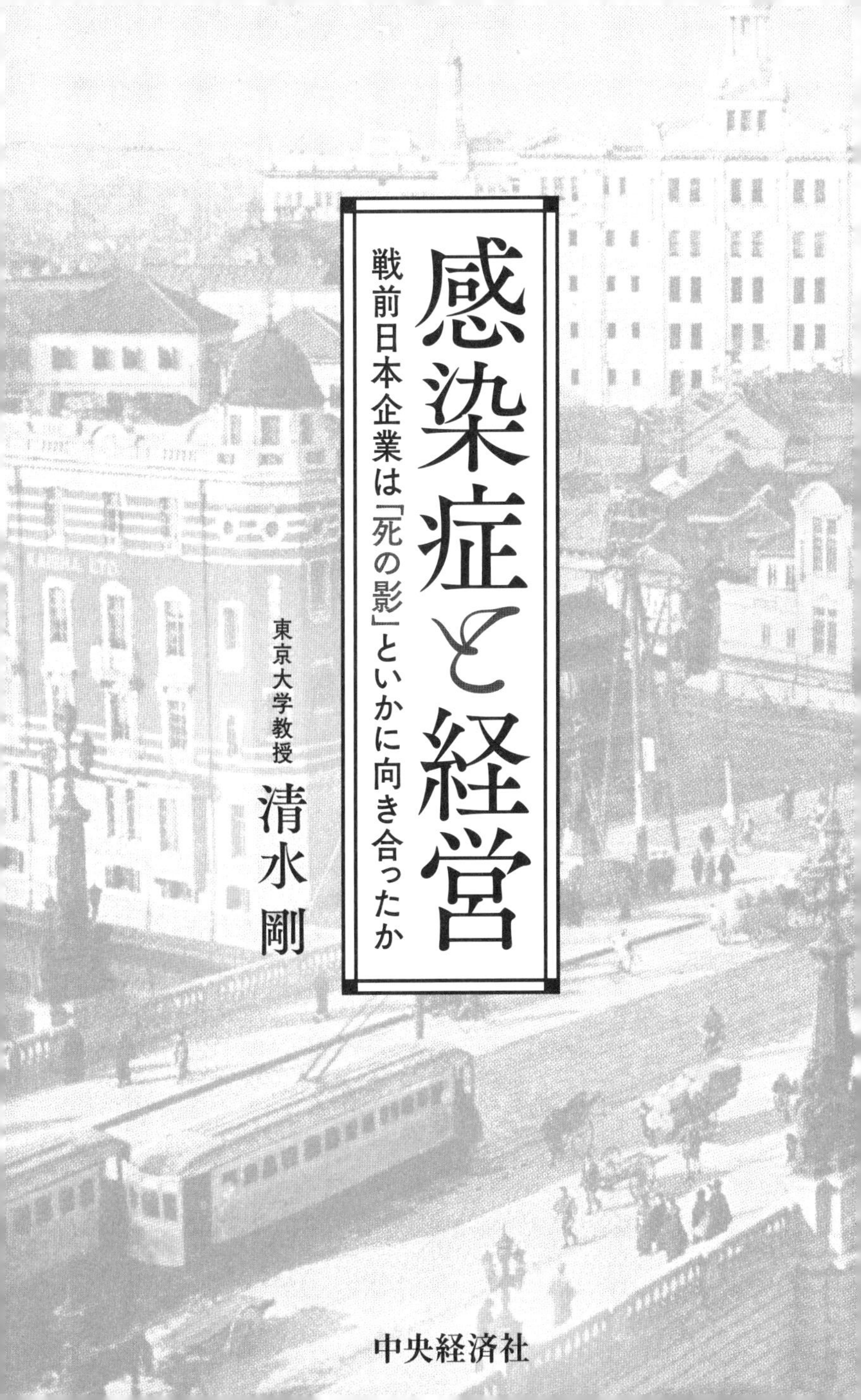

感染症と経営

戦前日本企業は「死の影」といかに向き合ったか

東京大学教授
清水剛

中央経済社

—目　次—

第1章 「死」と労務管理

第2章 労務管理の変化と「東洋の魔女」の誕生

目　次

（注：151-152頁）

序章 「死」が身近にある社会[1]

本書は、戦前の日本社会における企業経営のあり方を検討することを通じて、「コロナ後」の経営について考えようとするものである[2]。

そもそも、なぜ「コロナ後」の経営を考えようとする際に、戦前の日本について検討するのだろうか。後で詳しく述べるとおり、その理由は戦前の日本社会と「コロナ後」の社会に共通性あるいは類似性があると思われるからである。そうであれば、そのような状況における歴史的文脈とそこで起こった変化を観察し、それを現在の状況と比較することで変化の方向性を考えることができるだろう[3]。

戦前の日本社会と「コロナ後」の社会との共通性あるいは類似性については、すでに1918年から21年にかけて世界的に流行したスペイン風邪（インフルエンザ）との関係でしばしば指摘されることがある。スペイン風邪前後の社会における対応は日本のみならず世界的にも注目されており[4]、日本でもしばしば言及されている[5]。しかし、戦前の日本社会から「コロナ後」について考えようとするならば、スペイン風邪前後の社会と「コロナ後」の社会との間でまず何が類似しており、何が異なるのか、スペイン風邪前後の社会を考えることはどのような意味において「コロナ後」を考えるために役に立つのか、といった点を考える必要がある。

本章では、その後の検討のいわば前提条件として、スペイン風邪前後を中心とした戦前の日本社会と「コロナ後」の社会との共通点と相違点について検討し、ここからスペイン風邪前後のみならず、戦前期の日本社会が死の可能性による将来の不確実性に人々がさらされているという意味において、コロナ後の社会と共通する部分があることを述べる。

1.「コロナ後」と戦前の日本社会

(1) スペイン風邪のインパクト

まず、新型コロナウイルス感染症と比較しながら、戦前の日本社会においてスペイン風邪がどのようなインパクトを持ったのかを考えていこう。

スペイン風邪の流行は世界的には第一次世界大戦中の1918年の春に始まり、全世界で数千万人の死者を出したが、1921年には終息したとされる。日本での流行は1918年の夏に始まり、1921年までの死者はおよそ40万人[6]、第一波（1918年8月～1919年7月）の死者は26万人、人口1千人当たり死者数は4・5人となっている（内務省衛生局、1922）。

一方、新型コロナウイルス感染症による人口当たりの死者数を見ると、一番被害の大きいヨーロッパ諸国の一部や米国等で１００万人当たり1、０００～2、０００人であり、これを1千人当たりにすると、１・０～２・０人前後ということになる[7]。

つまり、スペイン風邪の第一波における日本での人口当たり死者数は、現在のヨーロッパや米国等の人口当たり死者の大体2～4倍となる。新型コロナウイルス感染症による日本での死者は増え続けているものの、大体１００万人当たり１００名以下であるから、これとスペイン風邪の第一波を比較するとざっと50倍と思っておけばよいだろう。なお、当時の日本の人口はおよそ5、５００万人、現在の日本の人口の半分弱であった。スペイン風邪全体で見れば、そのインパクトは現代の日本で80万人が亡くなるようなもの、といえばおよそ想像できるだろうか[8]。

（2）死亡率の高さ

しかし、当時の人々はスペイン風邪のみが理由で亡くなったわけではない。スペイン風邪のインパクトを考えるためには、当時の日本社会全体における死者の数やその要因との関係から考える必要があるだろう。

例えば、スペイン風邪終息後の１９２２年（関東大震災の前年）の死亡率を見ると、人口1千人当たり22・４人となり、現在の年平均の死亡率である人口1千人当たり10人程度とは大きく差がある（厚生労働省『人口動態調査』）。これだけでなく、その内容を見るとさらに大きな差があることがわかる。

まず厚生省（現厚生労働省）の検討会が作成した報告書から、各世代でどの程度死亡しやすいのかを確認してみると（健康日本21企画検討会・健康日本21計画策定検討会（２０００）の図1-4）、現代は乳幼児期でも青年期・壮年期でも死亡する可能性はあまり高くなく、老年になると急速に死亡しやすくなる。これに対して戦前期では乳幼児期に死亡しやすいうえに、青年期・壮年期でも死亡しやすい。

１９３５年の国勢調査および１９３５年度の人口動態統計に基づいて作成された第６回生命表[9]と２０１７年の第22回生命表を使って、20歳時と30歳時の死亡率（その歳になってからの１年間で死亡する確率）を比較すると、１９３５年時点の20歳時の死亡率は２０１７年に比べ男性22倍、女性56倍、30歳時点の死亡率が男性13倍、女性25倍となる[10]。乳幼児死亡率にはより大きな差があるが[11]、青年期・壮年期においても死亡率には大きな差があることがわかる。

すなわち、現代においては「死」とは主として老年期に感じるものであるのに対し、戦前には乳幼児期でも青年期・壮年期でも感じられる、より身近なものだったのである。実際、戦前の著名人の経歴等を見るとわかるように、幼少期に亡くなった兄弟姉妹がしばしばいるだけでなく、本人も（現代から見れば）青年期あるいは壮年期に亡くなっているケースが多い。24歳で亡くなった樋口一葉は当時においても若くして亡くなったといえるが、同じ文人でいえば正岡子規は34歳、夏目漱石も49歳で亡くなっている。また、夏目漱石には幼少期に亡くなった兄と姉がいる。さらに、自分の子供についても幼少期に亡くなっているケースも珍しくない。後述する主婦の友社の創業者、石川武美は自分の長男を生後７ヵ月で亡くしており、その後「『主婦の友』の記者は、結婚してはじめて三分の一の資格を得たことになる。子供をもって三分の二だ。子供を亡くしたら、それこそりっぱな一人前の記者になれる、と冗談めかして語っていた」という（主婦の友社、１９６７、82頁）。この言葉も、前述のようなことからすれば、雑誌『主婦の友』（当時は『主婦之友』）の読者にも子供を亡くす親が少なくなかっただろうことを背景にしたものだと理解できる。

(3) 主たる死亡要因

それでは、当時の人々の主たる死亡要因は何だったのだろうか。前記の健康日本21企画検討会・健康日本21計画策定検討会（2000）では、戦前における死亡者のおよそ半数の死因は感染症であるとしている（図1-2）。また、『人口動態統計』による死亡率の推移（厚生省（1998）の図14）を見ると、戦前の主たる死亡要因は肺炎、胃腸炎、結核であることがわかる。ただし、肺炎がインフルエンザによるもの、胃腸炎が赤痢によるものを含んでいることは予想されるが、原因によって分類されてはいないため、その内容は不明である。

その中で、特に病名が明示されているのが結核であり、1930年代には死亡要因の第1位を占めることになる。この結核の死亡率は1910年に人口10万人当たり230・2、1918年には日本で最悪の値となる257・1、その後緩やかに低下するものの、戦時にまた増加し、1943年に235・3となる（結核予防会、2019）。その後、1950年に特効薬である抗生物質、ストレプトマイシンの製造が開始され、1951年には新しい結核予防法が制定されて予防体制も整備され、結核による死亡率は劇的に下がることになる。

これを人口1千人当たりになおすと最高値が2・57ということになり、スペイン風邪の流行のピークよりは少ないが、新型コロナウイルス感染症によるヨーロッパでの死亡率より多い。また、産業別の死亡要因（産業別のため就業者のみが対象となる）で見て、工業・商業では1920年の時点でスペイン風邪による肺炎・気管支炎に続く第2位の死因となっている（中原ほか、1984）。すなわち、スペイン風邪は確かに日本社会に大きなインパクトを与えたが、スペイン風邪「のみ」が日本社会にインパクトを与えたわけではない。戦前の日本社会は、スペイン風邪のみならず、結核を含む様々な感染症による死に日常的にさらされていた社会ということになる。

2.「死」が身近な社会

感染症による死に人々が日常的にさらされていたということは、言い換えれば人々にとって「死」は日常的な、あるいは身近なものであったことを意味する（新村、2001、2～3頁）。すでに述べたとおり、乳幼児死亡率や青年期・壮年期の死亡率も大きく低下している現代において、「死」を日常的に感じる人々の数は限られている。もちろん、老衰や病気等の理由により自分の死について意識している人々や、軍人、医療関係者や宗教関係者等々、死を身近に感じて生きている人々も決して少ないわけではない。しかし、例えば健康に暮らしている若い人々にとって、「死」というのは自分の親族や稀に友人の葬儀の際にいわば垣間見るものであり、自分の直系の親族が亡くなるような状況でなければ、死を直接感じるような感覚を持つことはないであろう（新村、2001、147頁）。

一方で、戦前においては、死に直面する頻度ははるかに高かった。自分の兄弟姉妹、親族、近所の人々、友人等がどこかで亡くなっており、またそのような人々を看取る機会も多かった[12]。このような意味で、戦前の日本（日本に限らないだろうが）の人々は、「死」を日常的に感じていたのではないだろうか。医療史学者の新村拓はこの点について，「明治・大正期の農民日記を読んでいて思うことは，臨終看護に対する人々の不安や恐れといったものがあまり感じられないことである。それは死が生活や人生の中にしっかりと組み込まれ，自然なものとして受け止められていたからなのかもしれない」（新村，2001，98頁）と指摘している。そこで，戦前の人々が死を日常的に感じていたことを2つの事例から確認した上で，そのような「死」を日常的に感じることが人々の意識や行動にどのような影響を与えていたかを検討しよう。

なお，死を日常的に感じる，という言い回しを何度も用いているとくどいので，ここではいささか文学的だが「死の影」の下にいる，と表現することにしよう（中村真一郎の『死の影の下に』を思い出してくださっても，堀辰雄『風立ちぬ』の最終章「死のかげの谷」を思い出してくださってもよい）。すなわち，ここでは戦前の人々が死の影の下で生きていたことを確認した上で，死の影が人々の考え方にどのような影響を与えたのかを見ていく。

（1）日常の中の「死」―『細雪』と『ゴンドラの唄』―

まず，「死が生活や人生の中にしっかりと組み込まれ」ていることを示す1つの例から始めることにしよう。ここで取り上げるのは，谷崎潤一郎の『細雪』（谷崎，1983）[13]のあるシーンである。『細雪』は，よく知られているように船場の旧家に生まれた四姉妹の物語であり，当時の社会のあり方をよく伝えてくれる。この『細雪』のヒロインは，今でいう婚活中の三女・雪子と奔放な四女・妙子といってよいだろうが，この雪子のお見合い相手の1人が兵庫県農林課に勤務する水産技師，野村である。

この野村は東京帝国大学農科大学（現在の東京大学農学部）卒業と高学歴で、県庁でもそれなりの地位にあるが、「四十何歳」で「老人臭い、じじむさい容貌」とされ、またあまり気づかいのできない、無神経な人間として描かれている。結局、雪子と野村とのお見合いはうまくいかないのだが、興味深いことに、このお見合いがうまくいかなかった理由は、雪子が野村の風貌を気に入らなかったからではなく、「仏壇に亡くなった奥さんや子供たちの写真が飾ってあるのを見て、ひどく不愉快にさせられた」からとされている。実は野村はすでに一度結婚し、子供が2人いたのだが、妻と2人の子供はいずれも病気で亡くなっているのである。この点に関する雪子の心情をもう少し見てみよう（谷崎、1983、257頁）。

「二度目ということを承知で嫁に行くにしても、先妻やその子供たちの写真が飾ってあるのを見せられていい気持がするはずはないではないか、今は独身でいるのだから、密かにそういうものを飾ってその人たちの冥福を祈る心情は分らなくはないが、あたしに家を見て貰おうという時に、何もそんなものを見える所へ出しておかなくともよさそうなものだのに、あの人は写真を急いで隠しでもすることか、わざわざあれが飾ってある仏壇の前へ案内するとは何事だろう、あれを見ただけでも、とても女の繊細な心理などが理解出来る人ではないと思う」

現代の小説であれば、先妻や2人の子供が亡くなっているというのは野村の「心の傷」として描くだろう。妻にも2人の子にも先立たれた中年男の悲哀，というわけである。しかし，谷崎が描く雪子はそのような見方をしていない。むしろ，先妻と（死別ではなく）離婚した後，お見合いをしている際に先妻や先妻との子供の写真を見せた時のような反応になっている（そうであれば，デリカシーがない＝「女の繊細な心理などが理解」できないという反応は納得のいくものとなる）。言い換えれば，先妻や2人の子供と死別したことと離婚したこととはあまり区別されておらず，先妻や2人の子供の死は特別なこととされていないのである。

そもそも，この野村という人物が妻と2人の子供を亡くした人物として描かれていること自体も，妻や子供が病気で亡くなることが決して珍しくはないことを示していると思われるが，それだけでなく，先に述べたように雪子がこの野村に対してその無神経さを問題としていることそのものが，死が自然な，日常的なものであることを示している。

さて，このような死の日常性を踏まえて，人々が死をどのように捉えていたかをもう少し踏み込んで考えてみよう。ここで取り上げるのは，その冒頭の「いのち短し　恋せよ乙女」のフレーズで知られる『ゴンドラの唄』（吉井勇作詞，中山晋平作曲）である。このフレーズは，その後大正浪漫を代表する言葉となり，様々な形で使われているので，一度は耳にしたことがあると思う[14]。

この歌はツルゲーネフの小説『その前夜』（1860）が舞台化され，島村抱月率いる芸術座によって演じられた時に（初演は1915年），その劇中歌として作られたものであり，戦前を代表する女優の1人，松井須磨子によって歌われた（以下，「ゴンドラの唄」については主として相沢（2012）による[15]）。

その一番の歌詞を見てみよう（相沢、２０１２、12頁［なお、原則として旧字は新字にあらためている（以下同じ）］）。

いのち短し、恋せよ、少女（おとめ）
朱き唇、褪（あ）せぬ間に
熱き血液（ちしほ）の冷えぬ間に
明日の月日のないものを。

「いのち短し　恋せよ乙女」で始まり、「明日の月日のないものを」で終わることで、人生の短さが強調されている。さらに、「朱き唇　褪せぬ間に」と「熱き血液の冷えぬ間に」という言葉もまた、人生の短さを踏まえて今を生きることの重要性を示している。

この歌を分析した相沢（２０１２、第５章）は、この歌が森鴎外が訳したアンデルセンの『即興詩人』（１８３５）に基づいて吉井が作詞したことを指摘した上で、この劇、そしてこの歌詞が西洋文化の底辺に流れる「メメント・モリ（memento mori）」（死を忘れるな）と「カルペ・ディエム（carpe diem）」（今を楽しめ）の２つの要素を持つことを指摘している（１６５頁、１７０〜１７１頁）。すなわち、この歌は死が目前にあることを前提として、今を生きることの重要性を述べているのである。

とりわけ、前記のように実際に当時の死亡率が高く、平均寿命が短かったこと、そして死が日常的なものとして捉えられていたことを踏まえてこの歌詞を見ると、実際に「いのちが短い」ことを認識として共有していた上で、今を生きる（「恋せよ」）ことの重要性を示していると理解できる。まさに「明日の月日はない」かもしれず、命は短いのである。

もっとも、このような歌詞を見ただけでは、「いのち短し」が命が短いという人々の現実の感覚に基づいているのか、あるいは人生は短いのだから精一杯生きるべきだというような警句的な（あるいは修辞的な）ものであるのかはわからない。

『生きる』のポスター（ブランコに乗る主人公）

この点の傍証となるのが、この「ゴンドラの唄」を有名にした黒澤明監督の映画『生きる』（１９５２）である。ここでは、市役所で市民課長を務める主人公が、胃がんにかかった後、生きる意味を求めてさまよった末に市民が求めていた児童公園の建設を主導し、ようやく完成した公園のブランコに揺られながら息を引き取る。このブランコに揺られているときに主人公が歌ったのが「ゴンドラの唄」だったのである[16]。

ここで「ゴンドラの唄」は、まさに死に直面した主人公が今を精一杯生きたことを示すものとなっている。主人公の視点からは、この歌は「死に直面した生」を実感する歌だったのである。もし、主人公の視点から見て「いのち短し」が単なる警句あるいは修辞句であれば、主人公がこの歌を選ぶ理由はない。黒澤もそのような歌は選ばなかっただろう。黒澤がこのシーンで「ゴンドラの唄」を用いていることは、この歌がリアルな死に直面した生を歌った歌であるという了解が、黒澤と観客に共有されていることを示している（なお相沢，2012，224～225頁も参照）。

すなわち、死が日常的な、身近なものであるがゆえに、今の人生を精一杯生きよう、というのが上記の「ゴンドラの唄」の意味であり、また当時の人々の考え方の1つであったと思われる。

（2）「死の影」の下での人々の行動

以上、戦前の人々にとって、死が身近で日常的なものであることと、それを踏まえた生と死に対する人々の捉え方について述べてきた。それでは、このような死に対する捉え方―死が日常的な中で生きようとすること―は人々の行動にどのような影響を与えるだろうか。

この点を考えるために、まず明治末期から大正にかけて活躍した1人の実業家のコメントを見てみよう。その実業家の名は福澤桃介。福澤諭吉の娘婿としても知られるが、電力会社を中心に様々な会社の設立、経営を手掛け、戦前の五大電力会社の1つ、大同電力の初代社長になり、「電気王」と呼ばれた実業家である。福澤桃介はもともと北海道炭礦汽船（当時は北海道炭礦鉄道）という会社で働いていたが、その時期に肺結核となり、療養生活に入る。その療養中に始めた株式投資で、日露戦争の時期に成功し大金を得て、その資金を元に実業家に転身した。また、軽妙な文体で多くの著作を残している。その中で、岡本学との共著『貯蓄と投資』（福澤・岡本、1917）に「病気と失職とに対する覚悟」（『桃介式』（福澤、1911）の同名の文章に加筆したもの）という一文がある（65頁。原文にはルビがあるがここでは省略した。以下、本書では特別な事情がない限り引用部分のルビは省略する。また、カッコ内は引用者による。以下同じ）。

福澤桃介

「此の種の人間（引用者注：いわゆるサラリーマンのこと）でも、病気に罹（かか）らぬと云ふ保険は附けられぬ、或（あるい）は会社商店に動揺波瀾があつて、首を斬られたり、職を辞さねばならぬ羽目に到達した暁（あかつき）は如何、其の結果は忽（たちま）ち生活難に陥り、パン問題に頭を悩まさなければならぬこととなる。」

だからまず貯蓄をすべきだ、というのがこの文の趣旨であるが、結核という死に至る病を克服した投資家・事業家のコメントとして見ると大変興味深い。

つまり、自分の病気（死とは言っていないものの）や自分が勤める企業の業績低迷による解雇等の可能性を考えると、十分な資産が必要だということなのである。前に触れた『桃介式』には「（引用者注：資産が）十万円なら優（ゆう）に妻子眷族を養ふて行く事が出来やう」（福澤、1911、138頁）、と書いてある。当時の10万円は約2億円に当たる（岩瀬、2006、16～17頁）ので、これぐらいあればインフレ等を考えても自分の病気や突然の解雇にも対応できるだろう。

以上から、「死の影」に対する1つの反応としては、消費を減らし（実際、福澤桃介は節約生活について様々な形で述べている）、貯蓄を増やすことで、将来に何か問題が起こる可能性（将来の不確実性）に対応しようとするというものがある。

ただし、このような反応は、あくまで将来について考える（考えざるを得ない）人々の話である。病気になっても自分と家族を養わなくてはならない、あるいは自分は死んだとしても家族が生活に困窮することのないようにしなくてはならない、と考えるのであれば、先のような行動は自然である。

しかし、例えば家族がおらず、遺産を譲り渡したい親族や友人等がいない場合、あるいは家族のことを考える必要がない場合には、自分が死んだ後を考える必要がないため、貯蓄をすることなく現在の自分のやりたいことのために使ってしまう、という考え方も成り立ちうる。

このような考え方の例として想定されるのが、いわゆる成金のお金の使い方である。成金のお金の使い方、といって多くの人が思いだすのが、料亭のようなところで女中が靴をさがしており「暗くてお靴が分らないわ」（原文ママ）というのに対し、成金らしき客が百円札に火を付けて「どうだ明くなつたろう」と答える、という絵であろう。この絵は新聞記者・風刺漫画家であった和田邦坊の「成金

「成金栄華時代」
画像提供：灸まん美術館

栄華時代」（田口編、1929所収）という絵であるが、多くの人が成金に対して持っているイメージがこの絵に現れているといえるだろう。

この絵のモデルは定かではないが、一説には船成金の山本唯三郎（松昌洋行社長）であるといわれる。この山本唯三郎には、この絵を彷彿とさせる次のようなエピソードが伝えられている（蓬郷編、1977、138頁）。

「北海道の料亭で大散財のあげく、玄関に出て下駄をはこうとしたら暗くてよく見えない。彼は懐中から百円札の束を取り出して火をつけた。芸者が驚いてもみ消そうとすると、
『よせよせ、そんな物なら、いくらでもやる。鼻紙なんか何にするか』
と、またカバンから百円札の束を取りだして、出もしない鼻汁を拭いて見せた。」

ただし、蓬郷編（1977）はこのエピソードの典拠を記しておらず、これが本当にあったことかどうかはわからない。赤井（2007）は「〝船成金神話〟がすべて唯三郎の行動とされているきらいもある」（147頁）と指摘しており、そうであるとすれば誰か別の成金の行動が山本唯三郎のものと

された可能性もある。いずれにせよ、本当に山本唯三郎の話であったかどうかはともかく、船成金のこのような話を和田邦坊が聞きこんで、それを絵にしたのではないかと思われる。[17] ただ、このような伝説ができるほど、いわゆる成金はしばしば奇矯にすら見えるお金の使い方をしていた。

山本唯三郎は、故郷である岡山の岡山市立図書館の建設資金を全額寄付し、また中退した同志社にも新図書館の建設費用を寄付する等の社会貢献をする一方で、朝鮮半島に虎狩りに行き、1ヵ月程度滞在して実際に虎を狩り、帰国後に虎の肉をメインとした虎肉パーティーを東京の帝国ホテルと岡山市で開催している。この虎狩りの経緯をまとめた『征虎記』（吉浦編、1918）に掲載されている、帝国ホテルにおける虎肉パーティーの際の山本の挨拶は興味深い。

「此度朝鮮に於て虎狩を思立ちましたに就きまして、余りと云へば突飛も此上ない企（くわだて）であると案じて下された方もあり、又た山本と云ふ腕白者が先棒になつて何を仕出すやらと内々お笑ひになつておいでの方もあつたようでございますが、私と致しましては予（かね）て期するところあり、且（か）つ単に虎を狩る以外に必ずや或る獲物は提げて戻り得ると云ふ希望を有して居りましたから、平生の万事は人後に落ちますけれども、敢えて烏滸（おこ）がましくも一歩お先に試みて、滞在約一個月、幸いに一二の土産を携え帰りました」

もちろん、わざわざ虎狩りをやろうというのは奇矯な試みに違いない。しかし、本人としては単にお金を使うというよりも、自分としてはやってみたいことであり、かつ達成可能だと判断したために、他人より先にやってみた、というような考えであったように思われる。この意味では、百円札を燃やすというような全くの無意味な浪費というよりも、自己満足と若干の社会へのアピールのために行ったということになろう。また、成金の生涯を描いた紀田（２００５）を見ると、時には無意味な浪費としか見えないことを行う一方で、本人としては自分の満足のためにお金を使っているように見える。すなわち、貯蓄をせず自己の満足のためにお金を使いきってしまうような行動も、死の影の下での１つの行動パターンといえるだろう。ここから、死の影の下では将来の不確実性を考えて支出を減らし、貯金をしようとする人々と、自己の満足のためにお金を使いきってしまう人々との２つに分かれるものと思われる。

これからの検討では、このような2種類の人々がいることを前提としながら、人々が死の影の下にあることがどのように経営に影響するのかを考えていく。

3.「コロナ後」の社会と戦前の日本社会

さて、これまで戦前の社会における死の位置づけ、すなわち、死が日常的で身近なものであること、そのことを前提として人々は生きようとしていたこと、そしてその中で将来の不確実性を考えて支出を減らし、貯蓄をしようとする人々と、自己の満足のためにお金を使い切ろうとする人々とがいることを述べてきた。

それでは、このような戦前の社会と「コロナ後」の社会とはどのような点で共通し、どのような点で異なっているのだろうか。

　新型コロナウイルス感染症が社会にもたらした大きな衝撃の1つは、我々が日常的に働く中でこれまで直面してこなかった（あるいは直面していないと思っていた）「死」というものが実は思ったより身近にあることを示した点である。もちろん、新型コロナウイルス感染症に感染すればそれがそのまま死をもたらすわけではない。しかし、新型コロナウイルス感染症に感染することで、我々は死の可能性に直面する。新型コロナウイルス感染症に感染した場合にはおよそ20％の確率で重症化する可能性があり、5％は人工呼吸器を必要とする。致死率は日本のデータでは40代までは0〜0・1％だが、50代で0・3％、60代で1・4％と上昇していき、80代以上では12・0％となる（厚生労働省、2020）。全体で見ると、日本の検査陽性者に対する死亡者の割合はおよそ1・2％程度となる。すなわち、程度は年齢層によって大きく異なるものの、新型コロナウイルス感染症に感染すれば、誰もが死のリスクにさらされるのである[18]。そして、新型コロナウイルス感染症の感染については例えば「誰もが感染リスクにさらされている状況」といわれている（「新型コロナ「誰もが感染リスクにさらされている状況」専門家」NHKニュース2020年7月27日 https://www3.nhk.or.jp/news/html/20200727/k10012535201000.html）。そうであれば、誰であっても感染し、亡くなる可能性があるわけである。

　もちろん、誰にでも新型コロナウイルス感染症に感染し、死亡するリスクがあるといっても、多くの人々にとってはそこまで現実的なリスクではない。新型コロナウイルス感染症に感染する人は多いと言っても、日本においては累計で50万人であり、人口比でいえば100万人当たり4、000人程度、その中で亡くなる人は平均的に見てその1・2％である。こう考えれば、一部の人を除けば、

「死」というものがそこまで現実的なものだとは思わないだろう。

しかし、「コロナ前」の状態と異なり、新型コロナウイルス感染症による死の可能性は確かに存在している。新型コロナウイルス感染症によりタレント等が亡くなった2020年3月、4月とは異なり、その死の可能性は人々の認識の中では薄れているかもしれないが、一方で新聞等では今でも新型コロナウイルス感染症の新規感染者の数、そして死者の数を報道し続けている。この意味で、「コロナ前」に比べれば、死は身近になったとはいえるだろう。

より重要なことは、感染症などによる死の可能性というのは文字どおりの死だけでなく、病気により仕事を辞めざるを得なくなる、あるいは（とりわけ戦前であれば）解雇されるというような将来におけるより大きな不確実性を伴うという点である。この点は先の福澤桃介の一文によく表れているが、例えば結核患者が（最終的に治るとしても）サナトリウムで長期の療養生活に入らざるを得ないというような状況を考えれば、少なくともそれまでの生活を続けることができず、また生きていくために収入を得る新しい方法を探す（福澤桃介がやったことであるが）あるいは貯蓄を取り崩すようなことが必要になってくる。「死の影」が人々に与える影響というのは、単に直接的な死の可能性だけでなく、このような将来の不確実性の増大も含まれる。

そして、この点でいえば「コロナ後」の社会は戦前の日本社会により近いものとなる。「コロナ前」の社会ではあまり考えられてこなかった将来の不確実性、例えば新型コロナウイルス感染症の重症化により一定期間の入院を余儀なくされ[19]、それにより収入の途が一時的にせよ途絶えたり、少なくともこれまでとは異なる生活を送らざるを得なくなる、という可能性はかなり現実的なものとして我々の前に現れている。このようなことからすると，青年期あるいは壮年期であっても，新型コロナウイルス感染症による経済への打撃や，それによる倒産・失業の可能性まで考えれば，「コロナ後」の人々も戦前の人々と同じく将来の不確実性の増大にさらされているといえよう。

すなわち，現在はどのような人であっても，人と接触する中で新型コロナウイルス感染症に感染し，あるいは自分が他人に感染させてしまうリスクがある。その結果として一部の人は死に至る。死に至らなくても，入院となった結果として，これまでの生活とは異なる生活を送ることを余儀なくされる。またそのような中で，とりわけ自営業者やフリーランサーの場合にはこれまでのような方法で収入を得ることが難しくなるかもしれない。新型コロナウイルス感染症は，このような日常の中に潜む将来の不確実性を人々に認識させることになった。

そして，このような「死の影」による将来の不確実性を人々が認識するようになっているという意味において，スペイン風邪後の社会のみならず，戦前の日本社会というのは「コロナ後」の社会に近い。

そうであれば，「死」が日常的であり，「死の影」による将来の不確実性にさらされることで人々の意識や行動がどのように変化し，それがどのように企業経営に影響を与えるかということは，戦前の日本社会を見ることでよくわかるはずである。

「死」が身近であること―「死の影」の下にあること―，そしてそれによる将来の不確実性の増大が企業に与える影響を考える際に，本書では企業を取り巻く様々な利害関係者の中で3種類の人々，すなわち労働者，消費者，そして株主（投資家）に注目する。これらの利害関係者に注目する理由は，これらの人々が企業にとって不可欠であり、かつ死によって影響を受ける「人」であるためである。労働者がいなければ企業は事業を行うことができず、消費者がいなければ製品やサービスを売ることができず、株主がいなければ事業に必要な資金を調達することができない[20]。もちろん、この3種類の人々以外にも債権者や取引先、あるいは政府や地方自治体等の利害関係者がいるが、債権者は多くの場合、銀行等の金融機関であり（社債を保有している個人というのはありうるが）、取引先も他の企業であることが多い。ゆえに、死が身近であることによって企業が受ける影響は、まずこの3種類の人々を観察することである程度明らかにすることができるだろう。

このような検討を経た上で、企業と利害関係者との関係をもう少し一般化して、人々が「死の影」の下にある時に企業というものが持つ意味と、企業と利害関係者との関係をいかに発展させるべきかについて検討する。最後に、これらを踏まえて「コロナ後」の経営の姿について論じる。

第1章

「死」と労務管理

前章で述べたとおり、本書は死が身近にあること、そしてそれによる将来の不確実性の増大が経営にどのように影響を与えるのかを、戦前の日本社会を例として検討し、そこから「コロナ後」の経営について考えようとするものである。

とりわけ、本書では死の影響を受ける主要な利害関係者として、労働者、消費者、そして株主の3種類の人々に注目するが、本章と次章ではその中でも実際に事業を担う労働者に対する労務管理に注目し、死の身近さが労働者と企業との関係にどのように影響するかを明らかにしようとする。

1. 「死の影」の下での労務管理

それでは、死が身近にある世界、言い換えれば将来の不確実性が高い世界において、企業と労働者との関係はどのようなものになるのだろうか。

1．「死の影」の下での労務管理（注：152-155頁）

ここで一旦歴史を離れて、まず論理的な整理をしておくことにしよう。死が身近な社会、というのは、少し言い方を変えてみれば、いわゆる人的資本（ここでは、熟練などによって得られる知識やノウハウなどから、人間関係のネットワークのようなものまでも含む広い意味で使っている）が、死亡や病気による辞職等によって損なわれやすいものであることを意味する。(1) ただし、死の可能性や健康状態は対策により改善できるため、この人的資本が損なわれる程度そのものを減らすことができる。

話を単純にするため、ここでは人的資本の蓄積について、主として経験によって蓄積されるものを考えることにしよう。そうすると、人的資本を獲得するためには、生活・衛生環境の改善や賃金の上昇によって死亡率を抑え、また定着率を高め、あるいは他の企業からの移動を促すことが必要となる。

この状況を前提とすると、感染症等の死の影の下での労働者への対応については、①生活・衛生環境の改善や賃金の上昇によって人的資本を獲得しても、後で失われる（投資が無駄になる）可能性があるため、生活・衛生環境の改善などには投資しない、という考え方と、②死亡率や健康状態の改善に投資することで死亡率を抑え、また定着率を高め、人的資本の蓄積を進める、という考え方の両方がありうることになる。(2)

この2つの方向性のうちどちらを選択するかに影響を与える要因として大きなものとしては、まず、「労働市場の需給関係」がある。感染症によって労働者が少なくなる（労働供給が減少する）ようであれば、労働者という資源はより希少になる。そうすると、賃金は上昇し、あるいは生活・衛生環境等も改善せざるを得なくなる。この結果、死亡率や健康状態は改善し、結果的に人的資本の蓄積も進むことになる。なお、労働供給が少ないことは、一方で資本のほうが相対的に安価になることを意味するため、労働を節約するための投資とも並行する可能性がある。

他に大きな要因として考えられるのは、当然ではあるが「人的資本の価値」である。熟練による知識やノウハウがより価値がある場合には、死亡率や健康状態を改善する投資がより効果的になり、②の選択肢が取られる可能性が高まる。ゆえに、労働者の供給に限界がある場合や人的資本にある程度価値がある場合には、広く労働者の生活環境を改善し、賃金を高め、定着率を図るという戦略を選択することになろう。その中でも、先に述べたように労働節約型の投資と並行する場合と、より環境を積極的に改善して、定着率を高めていく場合（資金力があればその双方が可能になるが）がある。

一方で、労働者の供給がなお多く、労働市場のひっ迫を引き起こさない場合、あるいは人的資本の価値が低い場合には、一般の労働者に関しては生活環境の改善などの投資はなされない。この場合、労働者が安価な手段として利用できるため、資本は相対的に高価となり、物的資本への投資はなされにくくなる。もっとも、この場合でも人的資本に価値があるような労働者、すなわち例えば熟練労働者についてはは引き留めを図るために環境を改善するかもしれない。

そしてもちろん、企業の意思決定を行う「経営者および労働者（とりわけオーナー経営者のような場合）の考え方」も大きな要因として考えられるだろう。「死の影」の下では人々は将来の不確実性を考えて貯金をしようとする人々と、自己の満足のためにお金を使い切ろうとする人々に分かれることを序章で指摘したが、もしオーナー経営者が自己の満足のためにお金を使い切ろうとするのであれば将来のことは考えず、投資もしないだろう。一方、将来のために貯金をしようとするようなオーナー経営者であれば、貯金ではなく投資をすることに積極的であるかもしれない。また、労働者側も、

「宵越しのカネは持たない」タイプの労働者であれば定着はしないかもしれず、ゆえに生活・衛生環境の改善にもあまり反応しないかもしれない。ただし、労働者の場合には将来の不安に対してより防御的に反応するものと考えれば、死の影の下での労働者は生活・衛生環境の改善にはある程度反応することが想定される。

以上をまとめると、いささかラフな想定だが、「死」が身近な社会において予想される労務管理の方向性は２つである。

A　一般の労働者も含む広い範囲に生活・衛生環境の改善を行い、労働者の定着を促進し、その結果として人的資本の蓄積に結びつける。場合によっては、労働節約型の投資が並行する可能性がある。

B　一般の労働者については生活・衛生環境の改善などを行わない。ただし、この場合でも例えば熟練工や一部の事務労働者については生活・衛生環境等の改善のための投資を行う可能性がある。

端的にいえば、Ａは生活環境や衛生環境に積極的な投資をし、また状況に応じて物的資本にも投資するという方向性であり、Ｂは熟練労働者を除くほとんどの労働者を「使い捨て」、かつ物的資本にも投資しない、という方向性である。

注意してほしい点は、Ｂの場合は労働供給が多いか、あるいは人的資本の価値が相対的に小さい場合が想定されているが、この場合には安い労働供給に依存できるため、資本が相対的に高価となり、あまり投資が行われないという点である。賃金が安い分だけ物的資本への投資に回るのかというと、論理的にはむしろ逆で、賃金が安い分だけ労働を利用し、資本に投資しないことになる。

2. 戦前における労務管理の変化―繊維産業を例として―

以上はあくまで理屈の上から考えたものだが、実際はどうだったのだろうか。戦前日本の紡績業その他の繊維産業を例にとってみれば、経営としてはBからAに移行していったように思われる（間、1978、335～336頁；Hunter, 2003, ch.5）。

「女工哀史」的労働環境

伝統的な紡績業のイメージは、Bのイメージ、というより『女工哀史』（細井、1925）のイメージではなかったかと思われる。ただし、この『女工哀史』は女性労働者等の保護のための立法である工場法の施行（1916年）後に刊行されているため、明治後期の状況を知るために、1903年に農商務省商工局がまとめた『綿絲紡績職工事情』（農商務省商工局、1903）を見てみよう。

まず労働者の内訳を見てみると、関西16工場において労働者の78％は女性であり、そのうちの半数、全体の39％が寄宿舎に住んでいる（177頁）。鐘紡の本社工場だけを見ると、若干女性の比率が低く（75％）、また女性労働者の中で寄宿舎に住んでいる比率が71％（全体の54％）となるが（5～6頁）、いずれにせよ、労働者のほとんどは女性であり、その中心は寄宿舎に住む女性労働者であった。この寄宿舎は必ずしも広くはなく、占有空間は1人当たり1畳、つまり10畳の部屋に10人が住むのが普通であるとされ、また室内の整理や掃除は不行き届きとされる（179～180頁）(3)。さらに、逃走防止のため外出も制限されていた（185頁）。労働時間については通常は昼夜交代制で昼業は6時から18時、夜業は18時から6時となり、拘束時間12時間で食事時間30分を除く11時間半労働、もしくはこれに休憩30分を除いた11時間労働となっていた（19～23頁）(4)。疾病については、女工(5)の多くが胃腸炎や気管支炎を起こしていること、死亡理由の1位が結核であること、死ぬ前に結核で故郷に帰らされる女工も多かったこと（これが故郷に結核を持ち帰る原因にもなった（岩崎、1981））がわかる（121～138頁）。もちろん、『女工哀史』的な理解それ自体が一面的であり、いわゆる女工たちが他の産業の労働者に比べて特別に悲惨というわけではなかったという指摘も併せて考えておく必要がある（飯島、1949、千本、1998）。

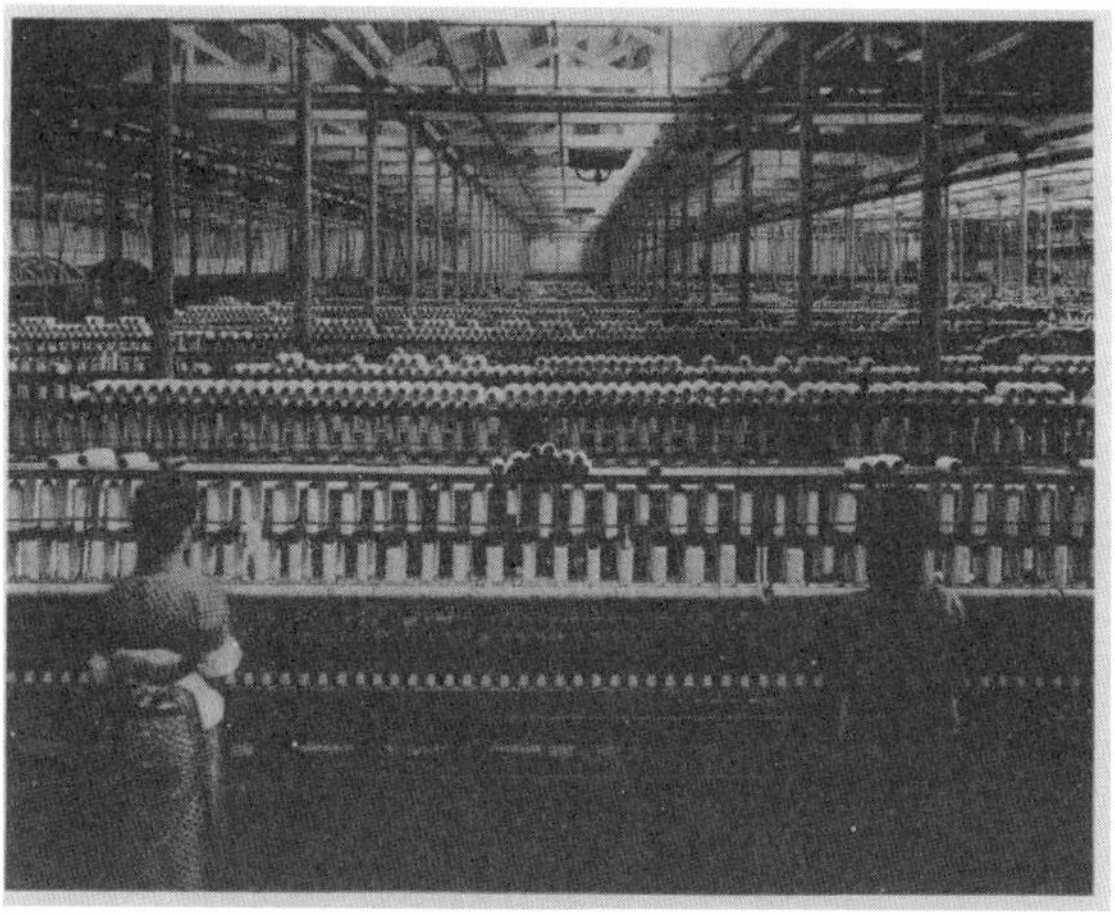

大正初期の東洋紡績　三軒家工場
出所：国立国会図書館デジタルコレクション
『大阪府写真帖』

しかし、このような経営には1900年前後からすでにいくつかの問題が現れていた。1つの問題は繊維業への女性労働者の供給不足であり、紡績業の急速な拡大に従って供給不足が顕在化していた。前記『綿絲紡績職工事情』（農商務省商工局、1903、62頁）でも、次のように述べられていた。

「其ノ障碍（障害）ノ最モ畏（おそ）ルヘキモノハ寧（むしろ）職工ノ供給ニ関スル問題ニ非ズヤ現今工場ニ於テ最モ苦心スル所ハ職工ノ欠乏ニシテ山間ト云ハス海浜ト云ハス全国ヲ挙ゲテ紡績職工募集員ノ足跡及バザルノ地ナカラントハ当業者中ヨリ往々聞ク所ナリ」

また、一方でいわゆる女工たちの健康、とりわけ結核はそれ自体が問題となっていた。これはおそらく前記の供給不足にも影響を与え、また先に述べたように人的資本の形成が難しくなるために生産性の向上にも影響を与えていた[6]。さらに、これらの女工が帰郷した結果として結核が農村にもたらされることで、農村への結核の拡大という問題を引き起こしていた。そもそも、上記『綿絲紡績職工事情』は繊維産業における労務管理の問題についての立法を想定して行われた調査の結果であったが、その背景には農村における結核の拡大が政治的な課題となっていたという状況があった。

これについて大河内一男は、「『原生的労働関係』が『結核工女』を生み、『農村結核』を生み、『国民の体位低下』を生み出したこと、すべて、農村からの『出稼工女』を媒介としてのことであった。日本の陸軍が工場法の実現に対して蔭の圧力になったのは、農村における頑健なる壮丁の確保こそ帝国陸軍の基礎だと思われていたのが、その前提が工女の出稼―結核―帰郷、によって掘り崩されつつ

武藤山治
出所：国立国会図書館ウェブサイト「近代日本人の肖像」

あることに気付いたためであったと言われている」と指摘している（大河内、１９７１、30頁）。

このようなことから、一方で新しい技術や管理方法を導入するとともに、他方でいわゆる女工たちを含む労働者の生活環境や衛生状態を改善してその定着を図ろうとする動きが起こってきた（間、１９７８、３０７頁）[7]。

鐘淵紡績、倉敷紡績などの先駆的事例

その先駆的な例としては、武藤山治率いる鐘淵紡績と、大原孫三郎の倉敷紡績が挙げられるであろう。武藤山治の方針は「温情主義経営」や「家族主義」のような名前で知られるが、寄宿舎の整備や工女世話係の設置、後でも触れる教育機会の充実、従業員の扶助救済のための共済組合[8]、社内報の発行、保育所の設置等多岐にわたっている（間、１９７８、３１１〜３１８頁）。このような動きは武藤山治が全社の支配人となった１９００年以降、継続的に行われている。

このような取組みの理由について、武藤は以下のように述べている（武藤、１９６３。初出は１９０８年）。

「併（しか）し最初余が天下に率先して職工の待遇を改良したのは、其動機は決して人道上からでも何でもなかつた。矢張（やは）り算盤珠からである。如何に外観の美のみ具備（そなわ）つたにしろ、職工に誠意がなければ会社は予期の発展ができぬ。」

すなわち、温情といっても「人道上」からではなく、経営上の判断（「算盤珠」）から実施している。この点をもう少し詳しく説明するのが武藤による連絡文書（「回章」と呼ばれる）における次の部分である（「再び機械の修理について」１９０８年12月10日。桑原（１９９５）より再引用）。

「近来各紡績会社はいずれも熱心に機械の修理保全に努むると同時に、また職工の待遇を改善してその勤続を奨励し、互いに相競争して人後に落ちざらんことにつとめつつあり。されば我々もいっそう機械の動作を完全にして良質の糸を紡ぎ、かつ出来高を増し、あわせて工費の節約を講ぜざるべからず。然（しか）るに今日において職工の収入を削減するがごとき方法は事情の許すべきものにあらざるが故に、機械の働きと操業の方法を改善して使用人員を減らし、随（したがっ）てこれを節約する策に出ざるべからず。」

この引用からは、人手不足と賃金の上昇を背景として、賃金を引き下げるのではなく、職工の待遇改善により職工を定着させ、熟練を高めて生産性を向上させようとし、併せて労働節約的な設備の導入を考えていることがわかる。

大原孫三郎
出所：国立国会図書館
デジタルコレクション
「関西名士写真録」

実際、鐘紡の生活・衛生環境は他の紡績企業と比べて高い水準にあったものと思われる。1918年の武藤山治の回章には、鐘紡の工場から逃げ出した女工が鐘紡に戻りたいと希望した事例に触れ、その理由として「各其入社せる会社の寄宿舎食堂等皆掃除も整頓も行届かず不清潔にして常に不愉快を感じ其居心地甚だ悪しく日ならずして鐘紡の寄宿舎生活が恋しくなりて一日も居溜まらず逃げ出したく」なったと述べ、寄宿舎を清潔に、居心地よく保つよう工場長に指示している（「寄宿工女の居心地を能くすることに就て注意の件」1918年6月29日。武藤、1966、453頁）。

また、これより少し後の『女工哀史』（細井、1925）でも、鐘紡の、というより女工一般に対する取扱いを批判する中で、「鐘紡の職工待遇法を観て来て感服する者は、労働問題を履き違へた輩にほかならない」（135頁）と警鐘を鳴らし、また鐘紡の女工の取扱いを批判する記事を引用する（136～140頁）一方で、医療機関について「此の点、鐘紡だけは流石にちよつとほめても差支ない」（221頁）、あるいは職工住宅（いわゆる社宅）について「鐘紡のそれ抔（など）は実に至れり尽せりであつて、大なり小なり庭園のつかぬ家はない」（190頁）としており、紡績企業全般に対する批判とともに、相対的には鐘紡の生活・衛生環境を評価しているように見える。もちろん限界はあるものの、先にに述べたAの方向性がここに表れているといえるだろう。

一方で、大原孫三郎の倉敷紡績もまた、女性労働者のための寄宿舎を小規模の家族的な寄宿舎に変え（1908年から）、また教育機会を提供する等、労働者の生活・衛生環境を改善しようとしていた。武藤山治と異なりオーナー経営者であった大原孫三郎はより長期的な視点に立った経営を行ったと評価されており、また家族主義的な武藤山治とは異なり、より労働者の人格を尊重しようとした（「人格向上主義」）ことも指摘されている（兼田、2003、245~249頁）が、やはりこのような行動が会社の利益と一致するものであると考えていた。

このような女工を中心とした労働者の生活・衛生環境の改善が会社の利益と一致するという考え方は、大原孫三郎が推進した寄宿舎から社宅への転換という方針によく表れている。この方針について倉敷紡績の社史『回顧六十五年』（倉敷紡績株式会社、1953、115頁）では、次のように説明している。

「しかし、寄宿舎に女工を収容するよりも、社宅を新設して、自宅または社宅から通勤させることにすれば、職工の勤続年数が約二倍半に延び、それだけ労資双方とも益する所がより多いということが明らかになれば、通勤主義に若くはない、という結論に達するのは当然であった。そのうへ経常費が、寄宿一人当り十三銭に対して、社宅に住ませて通勤させる場合は二銭未満で事足るという計算になつて、大いに経費の節約となるのである。」

また、別の個所でこの方針については、「住居の改善によつて職工の健康を保全し、労働能率を高

2．戦前における労務管理の変化（注：152-155頁）

める目的をもつて」（211頁）行われたと端的にまとめられており、このような方針が前記のAの考え方に従っていることがうかがわれる。この寄宿舎から社宅への転換は1915年に開業した万寿工場（後の倉敷工場）において実施されたが、労働者不足のため結局寄宿舎を設けることになった。しかし、その後四国の各工場では社宅中心になったとされている（159頁）。

また、大原孫三郎は労働環境を改善するための研究機関として倉敷労働科学研究所（現大原記念労働科学研究所）を1921年に設立し、スペイン風邪の流行後の1923年には倉紡中央病院（現倉敷中央病院）を設立している。倉敷労働科学研究所では、当時大きな問題となっていた女工の深夜労働の悪影響に関する研究等を行っていたが、これも「職工の健康と生産能率の向上」を目的としており（230頁）、やはり前記の目的に沿っていることがわかる。

以上のようなAの方向性に向かう流れ、すなわち労働環境を改善し、定着を図ることで生産性の向上を図る流れは、第一次世界大戦後以降広まってきた。この時期における労務管理の方向性の変化について、間（1978）は次のように述べている（342頁）。

「雇傭をめぐっての最大の変化は、募集よりも居付（勤続良化）に重点が移行したことであった。…（中略）…それは要するに前代のように募集に重点をおき、そのためには手段を選ばず、また集められた労働者を劣悪な労働条件のもとで単純露骨な刺激で働かせ、摩耗した労働力は容赦なくほうり出して、新規労働力と交替させた行き方とは異なり、労働移動を防止し、勤続年数を高めて技能水準の向上をはかり、それをとおして能率の向上をはかることにあった。」

これは前記のようなAへの流れを簡潔にまとめている。この背景には第一次世界大戦後の好景気で紡績企業が大きな利益を挙げたこと、一方でこの時期に賃上げ、労働時間短縮を求める労働運動が頻発したことがあり、例えば東洋紡績でも長時間労働の廃止や寄宿舎環境の改善に取り組むことになった（橋口、２０１５）[9]。このような流れはさらに拡大し、改正工場法によって１９２９年に女性労働者の深夜労働が禁止される時期には女工の環境もかなり改善されていた[10]。

とりわけ改善が見られたのは女性労働者に対する教育である。もともと、１８９０年代から紡績工場においても一般的な補習教育が始まっており、１８９０年代末には読み書き算盤と道徳、実用的な家事技術等を教える工場は多かったとされる（間、１９７８、２９５～２９８頁；Hunter, 2003, p.135 邦訳１３６頁）。鐘紡では、補習教育のみならず後で述べる「花嫁教育」にも踏み込んでいる（間、１９７８、３１４～３１５頁）。しかし、しばしば深夜労働を伴う11時間半労働という過酷な労働環境では教育成果も挙がらず、少数の成功例はあるにせよ、多くの学校では成果が挙がっていなかった。

第一次世界大戦後の好景気、および工場法の施行（１９１６年）以降は教育内容も充実し、初等教育に当たる尋常小学校（現在の小学校に当たる）レベルの教育のみならず、中等教育に当たる女学校（高等女学校。男子の旧制中学に相当する教育機関で、現在の中学・高校に相当する）レベルの教育も受けられるようになっていた。とはいえ、教育内容は裁縫、手芸、生け花等のいわゆる「花嫁教育」が中心であった（間、１９７９、３７６頁、谷敷、２０１５、１１７～１１８頁；Hunter, 2003, pp.138-141 邦訳１３８～１４１頁）。

１９２９年の深夜業廃止により、それまでの10時間労働[11]（拘束11時間）から早番・遅番の二組が交代する二番交代制の工場では30分の食事時間を含む拘束9時間の労働時間（実労働時間8時間半）が主流となっていた（間、1978、356～361頁、内務省社会局労働部、1931、101～102頁）。このため、従来よりも拘束時間が2時間減少し、この部分を教育やレクリエーションに充てることができるようになった。この結果、工場併設の形で、女学校を設立する動きが急速に拡大した（谷敷、2015、116～118頁）。ただし、これらの女学校も裁縫等の家事を中心として教育していた[12]。もっとも、このような施策の結果として、労働者の定着と生産性の向上が実際に達成されたかどうかは定かではない。

紡績業における女子労働者の勤続年数について、例えば協調会編（1929）では、平均勤続年数を工男（男性労働者）4年10ヵ月、通勤工女3年9ヵ月、寄宿工女1年9ヵ月としている。調査対象となったそれぞれの労働者数から女性労働者の平均勤続年数を計算すると2・3年、推定される年平均の離職率（1÷平均勤続年数）は約43％となる。この離職率はハンターが挙げている1900年代あるいは1910年代初頭の繊維労働者の離職率より若干改善されているように見えるものの（Hunter, 2003, pp.96-98 邦訳101～102頁）、特に寄宿する女性労働者の勤続年数が大幅に伸びたとは思われない。

また、企業の側でも実際に女性労働者が長期にわたり勤続することを想定していなかったように思われる。内務省の報告書にある、「我国の紡績女工の大部分が年の若い未婚者であつて、工場に働く年限も短く、多くは数年の後には帰郷して嫁入りするもの」（内務省社会局労働部、1931、105頁）という指摘もこの点を示唆している[13]。

また、女性労働者に対して（経験による技能向上だけでなく）研修などを行って技能の向上を図るということはあまり行われなかった（Hunter, 2003, p.134 邦訳134～135頁）。例えば紡績会社では技能教育は男性労働者を対象として行われていたものの、先に述べたとおり女性労働者に対する教育は裁縫、生け花などの「花嫁教育」が中心であり、技能の向上を目的としたものではなかった。製糸企業や一部の紡績企業では、入社後に養成工のような形で技能研修を行っていたが（田中、1987a：Hunter, 2003, pp.131-134 邦訳132～134頁）、前で述べたような離職率の高さ等から、女性労働者に対して技能向上を目的とした研修を継続的に行うことは現実的ではなかったのである。

このような意味で、前で述べたBからAへの流れ、すなわち労働者の労働環境を改善し、定着を図り、そこから生産性の向上を目指す流れそのものは拡大していったものの、一方で女性労働者の流動性そのものは大きく変化したわけではなく、また生産性の向上を目指した研修等が行われていたわけではなかった[14]。

また、女性労働者の労働環境の改善の程度にはばらつきがあり、1930年代に至っても過酷な労働環境が維持されていた企業もあった（Hunter, 2003, ch.5）。すべての企業がBからAに向かったわけではなく、Bであり続けた企業も存在していたのである。しかし、「死」が身近にある世界において、労働者をいわば使い捨てる経営から、労働者の環境を改善し、「死」の可能性を引き下げていくことで、人的資本の蓄積を促し、それを利益につなげていく流れが拡がっていったことは改めて記憶されるべきだろう。

3．「コロナ後」の労働者と企業の関係

以上を踏まえて、改めて歴史的な検討が「コロナ後」の経営にどのような示唆を与えるかを考えてみよう。

まず、前提条件を確認しておこう。まず、とりわけ日本において今回の新型コロナウイルス感染症の影響により、例えば死者が増加して全体としての労働供給そのものが大きく減少するということはおそらくないと思われる。むしろ、失職者の増大により労働供給そのものは増えるかもしれない。

しかし、一方で対人接触を伴う職種については就業希望者が減少する可能性があり、景気回復につれて労働需給がひっ迫する可能性があるということは指摘できる。このような中で特に目立つと思われるのは、高度な知識や経験を必要とする医療従事者（医師・看護師・検査技師等）であり、その労働環境の改善は急務であると思われるが、それだけでなく、営業職や販売スタッフ、レストラン等における接客スタッフ（ここには、いわゆる水商売等も含む）についても就業希望者が減少する可能性がある。一方で、新型コロナウイルス感染症の感染拡大により職を失った人が多く、また販売スタッフや接客スタッフ等はアルバイトや新規の就業者が多い職種（言い換えれば、熟練による技能や経験を必ずしも必要としない職種）であるため、一時的には就業希望者が増えるかもしれないが、景気回復とともに他の職種が選べるようになれば感染を恐れて就業希望者が減少するかもしれない。

そうした場合、このような職種に就業を希望する労働者はより希少な存在になる。前記の戦前にお

ける紡績業の例は、必ずしも経験を要求しない（戦前の女工の多くは未経験者である）業種においても、労働者の生活・衛生環境に配慮し、定着率を高めることで、生産性の向上を図るというのはそれなりに合理的であるということを示唆していた。そうであるとすれば、このような販売や接客を主とする産業においても、戦前の紡績業と同様に、労働者の生活・衛生環境の改善に配慮し、また相対的に高価になった労働者を節約するための設備投資をしていくことで、労働者の健康を守り、またそれによってスタッフの離職を抑え、ノウハウの蓄積を行っていくという方向性が理に適うかもしれない⒂。

労働環境を改善するというのは、何も難しいことを言っているわけではない。例えば、かかりつけ医との連携を高めて、また上司の意識を変えて病気になった時に病院にかかれるようにする（倉敷紡績のように病院を作るというわけではないにせよ）、休みを取りやすくする、借上げの住まいや寮を提供して住環境を改善する、けがや病気で休む時に手当を支払う、といったようなものを想定してもらうとよい。特別な対応ではなく、ある意味で当たり前のことである。しかし、人手を確保しやすい産業であれば、企業によってはこのような配慮が十分でなかったのかもしれない。このコロナ禍を機会として改めて労働者の生活・衛生環境に配慮するという当たり前のことができているかを確認するのがよいように思われる⒃。

端的にまとめてしまえば、日本の紡績産業は労働者を使い捨てる企業から労働者を大切にする企業にシフトしていった（程度として十分であるかどうかはともかく）。今回のコロナ禍は、熟練を必要とせず、その意味で人を集めやすい（言い換えれば、人を使い捨ててしまう可能性のある）産業においても、先のような人を大事にするような、「当たり前の」対応が重要であることを物語っている。

(注：155-156頁)

第2章

労務管理の変化と「東洋の魔女」の誕生

第1章では、「死の影」の下での労務管理について戦前の繊維産業を例にして検討してきたが、それではそのような「死の影」が薄れてきた場合には何が起こるのだろうか。また、そのことは一体「コロナ後」の経営について何を意味するのだろうか。本章では、このような点を明らかにするために、戦後の繊維産業における労務管理の変化について検討する。また、その中で女性労働者のレクリエーションとしてのバレーボールが1964年東京オリンピックの女子バレーボール優勝チーム、いわゆる「東洋の魔女」につながっていく過程についても考察し、これを戦後の労務管理の変化の中に位置づける。これらを踏まえて、死の影が薄れた社会における労務管理の変化と、それが「コロナ後」の経営に対して示唆することを述べる。

1.「死の影」が薄れた場合の変化

まず、前章と同様に歴史的な検討をひとまず置いておき、「死の影」が薄れた場合に何が起こるかを整理してみることにしよう。

前章でも述べたとおり、死亡率が高い状況では人的資本が損なわれやすいために、人的資本に対する投資のリターンが減少する。すなわち、人的資本に対する投資は行われにくくなる（Ben-Porath, 1967）。一方で、生活・衛生環境に投資することで死亡率を下げ、定着率を上げることで、人的資本の蓄積が行われうる。ここから、先に述べたAの生活・衛生環境の改善を定着率の向上と人的資本の蓄積に結びつけるという施策と、Bの労働者に対して何の投資も行わないという施策の２つの選択肢が出てくることになるわけだが、逆にいえば、死亡率が低下すれば、人的資本に対する投資についてはリターンが増加するため、投資がなされやすくなる。先の２つの選択肢との関係でいえば、Bのような労働者に対する投資を行わないことの合理性が薄れ、何らかの投資を行うことが合理的になってくる。

ただし、投資の内容については変化がありうる。というのは、すでに述べたとおり死亡率が高い状況においては、生活・衛生環境を改善することで、死亡率が低下し、かつ定着率が高まることを期待できた。しかし、死亡率が低下した状況であれば、生活・衛生環境に投資することによる死亡率の（追加的な）低減の度合いは小さいだろうし、ゆえに生活・衛生環境の改善に反応して労働者が定着しようとする度合いもまた低下するだろう。言い換えれば、死亡率が低い状況では、生活・衛生環境を改善して死亡率を追加的に低下させることは難しく、また労働者にとっても魅力が薄れるため、投資としては効率的ではないことになる。人的資本の蓄積を促進しようとすれば、労働者がより定着するような、また人的資本の蓄積のためにより効率的であるような投資に変えていく必要がある。

労働者の側でより定着しようとするような、言い換えれば労働者にとって望ましい投資というのは状況によって異なるだろう。とはいえ、人的資本の蓄積はその労働者にとっても望ましいと考えられるから、人的資本（ここでは、汎用的なものも企業特殊的＝関係特殊的なものも両方想定している。Becker, 1964参照）の蓄積を促進するような投資、例えば教育を受ける機会は常にこの選択肢の中に入っているだろう。それ以外の投資、例えば衛生以外の福利厚生の充実のようなものは、定着率を高めるかもしれないが、それがどの程度定着率を高めるかは労働者がどの程度そのような福利厚生を望むのかに依存する。もし労働者が強く望むようなものを提供できるのであれば、定着率は高まり、人的資本は蓄積しやすくなる。

2.「死の影」が薄れる社会

それでは、実際のところ人々の死亡率は戦後に入ってどの程度変化したのだろうか。またそれはどのような要因によるものだったのだろうか。

この点を見るために、まず厚生労働省（２０１７）により、平均寿命および平均余命の変化を見てみよう。平均寿命はゼロ歳の時点で、その年の状況が同じままずっと持続した場合に平均して何年生き延びるか、そして平均余命は同じ条件で、ある年齢（例えば20歳）まで生き延びた人が、そこから後何年生き延びるかを示している。平均寿命の計算には乳幼児の時点で亡くなってしまう可能性が含まれるので、乳幼児の時代を生き延びた人についての平均的な寿命（年齢＋平均余命）よりも平均寿命のほうが一般に短くなる点に注意してほしい。

戦前期の平均寿命は明治・大正期で男性43～45歳、女性44～47歳程度であり、１９３５年になると男性46・９２歳、女性49・６３歳と少し延びている。この時の20歳時平均余命で見ると、男性40・４１年、女性43・２２年と、幼少期を生き延びた人であれば平均的には60歳ぐらいまでは生きることができる。とはいえ、第１章で述べたように現代と比べると青年期・壮年期でも死亡のリスクは高い。

ところが、まず終戦直後の１９４７年には平均寿命が若干延びて男性50・０６歳、女性53・９６歳となる。12年間で３～４歳延びており、それまでに比べるとかなり延びたが、驚くべきなのはその後の１９５５年までの変化である。１９５５年の段階で男性の平均寿命が63・６０歳、女性が67・７５歳となっており、この10年足らずの間に平均寿命が13～14年延びている。20歳時平均余命で見ると、１９４７年の時点では男性40・８９歳、女性44・８７歳と１９３５年とそれほど大きくは変わっていないが、１９５５年には男性48・４７年、女性52・２５年となっており、およそ8年弱延びている。これは、この時期に乳幼児死亡率の改善が見られただけでなく、青年期・壮年期における死亡率も大きく改善されたことを示している。２０１５年時点の平均寿命は男性80・７５歳、女性86・９９歳とさらに長いが、１９５５年から見ると60年で17～19年延びたことになる。これも大きな進歩に違いないが、1947年から1955年という短い期間の間に平均寿命が13～14年延びたというのがいかに大きな変化であったかはここからもわかる。すなわち、戦前の日本社会を覆っていた「死の影」は、戦後に入って急速に薄れていったのである。

それでは、このような変化は何によって引き起こされたのだろうか。厚生省（1978）は、このような平均寿命の延びが引き起こされた原因について、医療技術の進歩、医薬品や医療機器の開発等を挙げており、特に外科治療の発達、抗生物質の登場、そして予防面における医療技術の進歩（検査機器や検査技術の発達）等を指摘している。

これに関連して興味深いのは結核の死亡率の急激な低下である。1930年代から1950年まで日本における死亡原因の第1位を占めてきた結核であるが、結核に対するワクチンであるBCGの集団接種は1942年には開始されており、1949年には日本で安全な乾燥凍結ワクチンの製造法が確立されている。1950年には日本でも特効薬である抗生物質、ストレプトマイシンの製造が開始され、1951年には新しい結核予防法が制定（以上については森（2002））、さらに外科療法（肺切除術等）の発達もあり、1940年代後半以降、急速に死亡率が低下した。1947年に人口10万人比で187・2であった結核死亡率は、1955年には52・3となり、3分の1以下になっている（結核予防会編、2019、25頁）。1950年代には、結核は死病ではなくなりつつあったのである。この時期には、上記のストレプトマイシンのほかにもペニシリンやクロラムフェニコール等の様々な抗生物質が導入され、細菌性の感染症に対する治療法が急速に進展しており、平均寿命が急速に延びた理由の1つがこのような感染症対策であることが理解できる。

さて、それでは、死の影が急速に薄れていった1950年代において、日本企業の労務管理はどのように変化していったのだろうか。この点について、紡績業を中心とした繊維産業を例としながら見ていこう。

3. 戦後における労務管理の変化―繊維産業を例として―

そもそも、戦後の繊維産業における労務管理は戦前からどのように変化したのだろうか。例えば1950年代に出版された倉敷紡績株式会社の社史『回顧六十五年』（倉敷紡績株式会社、1953）から判断する限り、労務管理の基本的な姿は1929年の深夜業廃止以降大きく変わっていないように思われる。工員の構成を見ると約1万人の現場労働者（工員）の74％は女性であり、その3分の2、全体の半分強（54％）は寄宿舎で生活している（672頁および「施設の概況」の「寄宿舎」）。これは前章で紹介した明治後期の状況からも、また協調会編（1929）が示す状況[1]ともあまり変わっていない。

この『回顧六十五年』の中で、写真で構成されている「施設の概況」を見ると、福利厚生施設として寄宿舎、診療施設、学校（家政専修学校）等が紹介され、その後には教養・娯楽、演劇・音楽、スポーツが紹介されている。すなわち、診療施設とともに1929年の深夜業廃止以降拡大しつつあった教育施設や福利厚生（レクリエーションとしてのスポーツを含む）が強調されている。これを見ると、戦前からの方向性がそのまま受け継がれているように見える。

労働時間については、1947年の労働基準法の制定により労働時間は1日8時間となっていた。

戦後の紡績工場
出所：労働省婦人少年局（1952）

もともと、第1章で述べたように1929年の深夜業廃止以降、早番・遅番の二組が交代する二番交代制の工場では30分の食事時間を含む拘束9時間の労働時間（実労働時間8時間半）が主流となっていたが、これが例えば鐘紡長浜工場では拘束時間8時間45分で食事時間45分の8時間労働となった（井上、2012、30～31頁）。ただし、労働基準法制定後でも労働時間が12時間となっていた企業もあったという証言もあり（例えばあいち「青春の日々」刊行委員会編、1999、31頁）、第1章でもすでに指摘したように労働条件はバラバラであった。とはいえ、総じていえば、1929年以前に比べて労働時間は短縮され、食事時間も確保されるなど、状況は相対的には良くなってきていた。また、賃金水準を見ても「綿紡績女子労働者の現金給与月額は一般に比して低いということはない。」（労働省婦人少年局、1952、4頁）とされており、上記のようにばらつきはあるにせよ、他産業の女性労働者と比べて繊維の女性労働者が著しく劣悪な状況だとする理由はないように思われる。

一方で、戦前から問題となってきた勤続年数については、若干伸びてきたものの大きな変化はなかった。戦前の紡績業における女子労働者の勤続年数についてはすでに前章で述べたが、協調会編（1929）のデータから女性労働者の平均勤続年数を計算すると2・3年となる。戦後について見てみると、労働省婦人少年局（１９５２）は１９５１年時点での平均勤続年数を２年３ヵ月（２・２５年）としており（15頁）、上記と全く変わっていない。その後、平均勤続年数は１９５５年には５・３年まで伸びるものの、その後はまた短くなり、１９６１年には４・２年となる（田和編、１９６２、４６８頁）。すなわち、戦前と同様に長期にわたり勤続することは通常は想定されていないのである。

しかし、すでに述べたように、人的資本の蓄積という意味でも、採用活動の効率性という点からも、一定程度勤続年数を伸ばすことには意味があったと思われる。製麻企業大手である小泉製麻を事例として、女性労働者の就職や生活について検討した山口（２０１９）はこの点について、「さりとて退職時期が早すぎては非効率だったはずである。就職者に一定期間定着してもらうために、あるいは求職開拓のＰＲのためにも、企業は良好な生活環境を提供する必要があったはずである。」と指摘している。すなわち、いわゆる終身雇用のような状況は想定されていないものの、可能な範囲で勤続年数を伸ばすことは企業にとって好ましいことであった（第1章注(14)参照）。

前章でも見たように、このような勤続年数を伸ばす方法の１つが生活・衛生環境の改善、すなわち寄宿舎の改善や共済組合の設立、医療体制の確立等であったわけである。しかし、このような生活・衛生環境の改善という手段は、死の影が薄れる中では次第に重要性を失っていった。

衛生環境について見れば、前章でも指摘したように、繊維業の医療環境は整ってきていた。すでに１９５１年の時点で罹病率は女性労働者の全産業平均17・０％に対して12・０％であり、結核感染率は全産業平均３・５％に対して３・８％と若干高いものの、著しく高いという状況でもない（労働省婦人少年局、１９５２、69頁）。もちろん、繊維労働者が罹患する病気は結核だけではないが、繊維労働者の病として典型的とされてきた結核の感染率が大幅に低下したことで、彼女らにとっての「死の影」は大きく薄れていたことは明らかであろう。

それでは、そのような中で、企業はいかなる形で女子労働者を定着させようとしたのだろうか。

4．教育機会の拡大

労働者を定着させるための（さらには求人のための）施策としてまず指摘できるのは、工場における教育機会の拡大である。すでに述べたように、第一次世界大戦以降、とりわけ１９２９年の深夜業廃止以降、企業は女学校を設立する等、工場における教育機会の充実を図ってきた。

戦後における教育機会の提供は、このような戦前の方向性の延長線上にあるものである。ただし、教育機会の持つ意味合いは、戦前と戦後で大きく異なっていた。

戦前期における中等教育機関への進学率を見ると、第一次世界大戦後の反動不況の１９２０年の時点で男性19・7％、女性11・5％、１９３５年の時点では男性20・4％、女性16・5％となっている（文部省調査局編、１９６２、表5）。

この数値は尋常小学校を卒業して中学校（男子のみ）、高等女学校（実科を除く。女子のみ）、実業学校、師範学校に進んだ比率となっており、高等小学校に進んだ後に師範学校や実業学校に進んだ人は考慮されていないと思われるため、中等教育を受けた人数は実際にはこれより多いものと思われるが、女性だけを見れば、尋常小学校を出て女学校に進学するのは一部の人のみに限られることがわか

中等教育機関への進学率

年度		男	女	平均
明　治 28年	(1895)	5.1%	1.3%	4.3%
33	(1900)	11.1	2.7	8.6
38	(1905)	12.4	4.2	8.8
43	(1910)	13.9	9.2	12.3
大　正 4	(1915)	10.8	5.0	8.1
9	(1920)	19.7	11.5	15.8
14	(1925)	19.8	14.1	17.1
昭　和 5	(1930)	21.1	15.5	18.3
10	(1935)	20.4	16.5	18.5
15	(1940)	28.0	22.0	25.0
20	(1945)	46.9	43.6	45.3
25	(1950)	55.0	38.0	46.7
30	(1955)	55.5	47.4	51.5
35	(1960)	59.6	55.9	57.7
36	(1961)	63.6	60.3	62.0

（注）　昭和22年以前は小学校（尋常科またはそれと同程度）の卒業者のうち、旧制中学校・高等女学校（実科を除く）・実業学校（甲）および師範学校（第１部）のそれぞれ本科へ進学した者の割合をとった。昭和23年以降は新制中学校を卒業して新制高等学校（本科）へ進学した者の割合をとった。

出所：文部省調査局、1962、表５

る。尋常小学校を出て高等小学校に行く者も多かった一方で、資産のない家庭では高等小学校に進学しないことは珍しくはなかったようである（菊池、１９９７）。この状況はそのまま紡績業の女子労働者にも当てはまる。中央職業紹介事務局の調査によれば（中央職業紹介事務局、１９２９、17～18頁）、１９２７年の時点で紡績業の女子労働者のうち尋常小学校中退者等は19・８％、尋常小学校卒業者は67・３％で、この２つで90％近くを占めている。一方、女学校卒業者は僅か０・２％であり、女学校卒業者が繊維工場で働くようなことは基本的にはなかった。

これに対して、１９４７年の教育基本法および学校教育法の制定により、新たに中学校までが義務化されるとともに、高校への進学も増えてきた。表からわかるように、1950年の時点で、中学校卒業者の高校進学率は男性55・0％、女性38・0％であったが、女性の進学率はこの後急速に伸び、1955年には47・4％、1960年には55・9％となっている（男性は55年に55・5％、60年に59・6％）。ただし、これは全国平均であり、地域によってはもっと低かった(2)。

とりわけ農村においては、進学する経済的な余裕がある者は高校へ進学し、進学する余裕がない者が中卒で就職していくことになった。この時期の繊維産業の女性労働者の多くは、このような農村の、経済的に余裕のない家庭に生まれ、高校進学をあきらめて就職し、自分が働いて得た収入の多くを実家に送金していたのである(3)。

このような中で、女性労働者たちが熱望したのが教育機会であった。戦前であれば、高等小学校はともかくとしても、女学校のような中等教育機関に行くことができるのはいわば特別な人々であった。しかし、敗戦後の社会の大きな変化で、教育に対する期待も高まっていた。実際、すでに述べたように、中等教育機関である高校への進学率は急速に高まっていったのである。そのような中で中学までしか教育を受けられなかったということは、しばしば彼女らのコンプレックスとなっていた(4)。女性労働者の手記の中でも、例えば、次のように、進学できない悲しさとコンプレックスがつづられている（繊維労働組合生活綴方編集委員会編、1954、121～122頁）。

「しかし、入社当時私は（それはもう数年前のことです）中学校で同じ教室で同じ机に学んだお友だちが、ある人は高等学校に、ある人は洋裁に和裁にと行くのを見て、働きにでることをとても悲しく感じました。ましてや冷いさげすみの目で見られていた紡績の女工となる私にどうして希望やプライドがあったでしょう。」

この結果、先に述べたように女子労働者たちは教育機会を熱望するようになった。教育は、彼女らにとって単に将来より良い人生を送るための時間と労力の投資というだけでなく、彼女らのコンプレックスを解消し、差別的な視線と対抗する手段だったのである。この結果、多くの労働者たちが働きながら勉強をできるという言葉に惹かれて入社していった。

実際には定時制高校や通信制高校を自ら開設するだけでなく、高校と提携する等様々な形態があったようだが（例えば山口（２０１９）、井上（２０１２、第３章））、多くの工場が何らかの形で教育課程を持っていた。田和編（１９６２、４５９頁）では、（各種学校のような形の）「女子従業員の工場付属学校への就学率は、三十五年九月で十社平均六八・七％（最高九八・七％、最低四六・一％）である」と述べられており、このような教育がかなり普及していることを示している[5]。

5. 企業スポーツの変容―レクリエーションから「東洋の魔女」へ―

すでに述べたように、彼女らが教育を求める理由は、単に将来に向けた投資というだけでなく、コンプレックスの解消や差別への対抗のためでもあった。それでは、教育以外の形でコンプレックスの解消や差別への対抗を図ることはできなかったのだろうか。実は、このために発展したのがバレーボール等の企業スポーツであった。以下、新（2013）等に依拠しながら企業スポーツとしてのバレーボールの発展を見ていこう。

もともとバレーボールやバスケットボール等のスポーツは19世紀末のアメリカで、工場のレクリエーションとして開発されたスポーツであり、とりわけバレーボールはその中の女子労働者が参加しやすい競技として作られた（新、2013、49～50頁）。言い換えれば、バレーボールという競技そのものが女子労働者のレクリエーションのために開発されたわけである。

このような女子労働者のレクリエーションとしてのバレーボールは、日本においても第一次世界大戦前後にはすでにいくつかの紡績工場で導入されていた（新、2013、108～109頁）。1929年の深夜業廃止後に女性労働者の余暇が増加したことに対し、経営者が体育を奨励した結果として、バレーボール等のスポーツは普及していくことになる。内務省社会局労働部（1931）によれば、1929年の時点で工場で普及していた体育運動として、ダンス、体操、卓球、テニス、野球、バレーボール等があるが（120～121頁）、例えば倉敷紡績株式会社（1953）を見る限り、その中でも女子労働者には卓球と並びバレーボールが普及していたようである。

しかし、この状況は戦後にかけて変わっていく。新（2013）が「競技性」という言葉で言い表しているように（例えば126頁）、レクリエーションであったバレーボールが例えば社内対抗で勝てるように、さらには対外試合で勝てるようにという形で、競技としてのバレーボールに移り変わっていく。

その過程において重要なのが、このような競技化の背景には女子労働者たちのプライドの確立という側面があったことである。新（２０１３、１２６～１２８頁）が引用する、『月刊バレーボール』に掲載された座談会の内容は興味深い。

「社内対抗に負けまいと努力した甲斐があって京都で開かれた近畿大会の準優勝に勝ち残ることが出来て、当時強かった某高女との優勝戦になったんだが、よく喰い下がってリードしていたところ『女工に負けたら恥じよ』という声援が、女学校側からか〻った。それを聞いてうちの選手達はカーっとなってしまって、今まで調子よくいっていたのがシドロモドロになって負けてしまったんだよ。試合が終わってうちの選手は、女工といわれたのが口惜しいといって皆オイ〳〵泣くんだ。私も選手同様、あんな負け方をした口惜しさから、会社はクビになる覚悟で、ボールが見えなくなる頃まで、丸一年間、練習に明け暮れして迎えたのが翌年の同じ大会。……試合は予想どおりうちが勝ったが、試合が終わってからうちの主将が、その女学校が負けて泣いている方向へ歩いて行く。何しに行ったのかと思って後で聞いてみた所、『女工に負けて口惜しいか』と云ったというんだ――（笑）――とに角、日本中に女工の腕前を見せてやろうと思ったのが、バレーをやり始めた最初なんだよ（笑）…」

この時点で、すでにバレーボールはレクリエーションから社内で、そして社外で勝つことでプライドを回復させる１つの手段となっている。これがいつあったことなのかは定かではない。１９４８年には高等女学校は廃止され、その多くは高校に切り替わっているから、それ以前のおそらく戦前の話ではなかったかと思われるが、この引用からは「女工」に対する差別的なまなざし、それが高等女学校という学歴に結びついていること、そしてそれに対してプライドを回復する手段としてのスポーツという構図が浮かび上がってくる。

そして、この女子繊維労働者に対する差別的な視線に対抗するスポーツという仕組みの1つの頂点というべきものが、1964年の女子バレーボール日本代表チーム、すなわち「東洋の魔女」たちであった。

この「東洋の魔女」は、そのメンバーのほとんどが大日本紡績（後のニチボー、現在のユニチカ。以下、「日紡」）貝塚工場のバレーボールチームであり、監督もこの日紡貝塚チームの監督であった大松博文であったことは知られている[6]。しかし、この日紡貝塚チームは各工場のバレーボール部のメンバーを集めて、またこれに新しいメンバーをスカウトして加えて作ったいわば「オール日紡」の企業代表チームであること、またメンバーは当時女子繊維労働者の中心であった中学卒ではなく、高校でバレーボール選手であった中から、日紡貝塚チームあるいは各工場のチームがスカウトした選手を集めて作ったチームであり[7]、純粋な意味での女性労働者のチームではないことはそこまで知られてはいないかもしれない。

それでは、なぜそこまでして企業代表チームを作ったのだろうか。1964年の東京オリンピック後引退した大松博文の後を引き継ぎ、日紡貝塚の監督になった小島孝治（元全日本女子バレーボールチーム監督）に対する新（2013）のインタビューを見てみよう（140～141頁、カッコ内は新による）。

「中卒やってん、みんな。会社の（女子）従業員は。鹿児島とか山口とか中学校の卒業生を集めて、日紡に連れてきた。（だが）中卒の人たちもだんだん進化していって、高校に行きたくなるでしょ。なんか（会社に）魅力をつくろうということでバレーボールをやっていたということやね。（日紡が強くなった結果）最後はプライド持ってたもんね。ユニチカ（日紡）で働いていることに。あの工場でわたしは働いています、ということでプライドを持っていた。」

すでに述べたように、戦後の新しい教育体制の下で、中学卒が中心の女子繊維労働者たちはしばしば学歴と結びついた差別的な視線にさらされ、自分自身も高校に進学できなかったコンプレックスを抱えることになった。そうであるがゆえに彼女らは教育機会を熱望したわけだが、自分の望んだ教育機会が与えられるとは限らず、また機会が与えられても（厳しい労働環境の中で）うまくいかないこともあったと思われる。このような「高校に行きたくなる」労働者たちに対して、プライドの回復という新たな魅力を与える手段が日紡貝塚の女子バレーボールチームであった。「自分たちの」チームである日紡貝塚チームが活躍すればするほど、貝塚工場、さらには日紡のすべての労働者がプライドを感じることができる。また、世間の差別的な視線にも、「私の同僚（場合によっては同室の友達）はあの東洋の魔女なのよ」といえば、差別的な視線を維持することが難しいだろう。まさに「あの工場でわたしは働いています、ということでプライドを持」つことができたのである。(8)

ただ、このやり方は高卒である選手たちと中卒の労働者たちが一体感を持っていないと、すなわち「私たち」という意識を持っていないと成立しない。このような一体感を持たせるために、大松や小島はいくつかの仕掛けを使っていた（新、2013、172～177頁）。1つは、選手たちをバラバラにして、女子労働者たちの部屋（15畳の部屋に3、4人が住んでいる）に交じって住ませていた。そのことにより、「職場と選手とは反目するどころか、きょうだい以上にやさしくし合えるという喜び、また、自分のへやにはバレーの選手がいる、彼女は自分たちのところのスターだ、という一種の誇りで、寮生たちは本気で選手のめんどうをみてくれるのです」（大松、1963、207頁）というように労働者と選手との間に一体感が形成されていた。また、選手たちは生産現場ではなく事務方の勤務であったが、午前8時から午後4時半の勤務は続けさせた。もしこれが練習に専念できるようなセミプロ的な扱いであったら、現場で働く労働者たちは反発したかもしれない。さらに厳しい練習を見せることで、むしろ選手に同情的な雰囲気が出来上がっていた（大松博文ほか貝塚メンバー、1963、18頁）。

結果として「東洋の魔女」は東京オリンピックで優勝し、かつての「女工」たちはプライドを回復することができた。あくまで想像に過ぎないが、「女工」に対する差別的な視線がなくなったのは、この「東洋の魔女」の東京オリンピックの優勝によってではなかったのではないだろうか。「女工」に対して差別的な視線を投げかけることは、国民的なスターである「東洋の魔女」を差別するのと同じである、というような認識がこの時期から国民の中に広まっていったのではないだろうか。そうであるとすれば、「東洋の魔女」の東京オリンピックでの優勝は、「女工」の終わりを告げたといえるかもしれない。

6.「コロナ後」の経営に対する示唆

本章の冒頭で述べたように、死の影が薄れた世界においては、人的資本への投資に対するリターンがより確実に得られるようになるため、そのような投資は行われやすくなる。しかし、一方で、そのような投資による生活・衛生環境の改善は相対的には効率が悪くなるため、労働者がより定着するような、また人的資本の蓄積により効果的であるような投資にシフトしていくことが予想される。

実際に死の影が薄れた状況、すなわち1950年代以降の日本における繊維産業を見てみると、実際に投資が行われていたのは、工場における教育や、企業スポーツといった領域であった。

教育環境の拡大は、その多くが中学卒であった繊維産業の女性労働者にとって、勉強を継続し、あるいは洋裁・和裁等を学ぶことで結婚に向けた準備をする意味で、人的資本の蓄積につながるのみならず、高校進学者が増加する中で、中学卒であることのコンプレックスを解消し、学歴差別と対抗する手段でもあった。

これに対し、プライドの回復手段としての企業スポーツは労働者にとって何らかの人的資本の蓄積に直接役に立つものではなかった。しかし、企業スポーツは「私たちの代表」であるスポーツ選手が活躍することにより、コンプレックスを解消し、差別と対抗する手段となった。関係者は、スポーツ選手が「私たちの代表」であるという認識を持たせるよう、女子労働者とスポーツ選手との一体感を作り上げ、スポーツ選手の活躍が単なる企業のＰＲにとどまらず、女性労働者がプライドを回復できるような仕組みとしていった。

それでは、以上のことはコロナ後の経営にとってどのような意味を持つのだろうか。もし、戦前の日本社会が、死が身近にあるという意味においてコロナ後の社会に近いとするならば、そのような死が遠ざかった戦後の日本社会はコロナ後のさらに後、「ポスト・ポストコロナ」とでもいうべき社会に近いことになる。そこから、直接的にコロナ後の社会を考えることは難しいかもしれない。

しかし、そうであるにもかかわらず、ここから考えられることはいくつかあるように思われる。

1点目として、生活・衛生環境の改善はあくまで「コロナ後」において考慮すべき問題であるが、長期的に見ればそれだけを考えるのでは不十分であり、他の要素も考えておかなくてはいけないという点がある。コロナ後の社会においては当然感染を防止するための様々な措置を講じる必要があるが、新型コロナウイルス感染症への対応がある程度確立してくれば、その後には感染予防以外のことを考えなくてはならない、というのはある意味当たり前のことであろう。

2点目として、教育機会の拡大の重要性がある。中学卒業生のほぼすべてが高校に入学し、大学（短期大学を含む）についても男女ともに高校卒業者のうち半数以上が進学する現在と、高校に進学できるかどうかが大きな問題であった１９５０年代の状況とは全く異なる。一方で社会における様々な変化により、学ぶべき内容はむしろ増えているように思われる。また、ピケティ（Piketty, 2013）が指摘するような格差の拡大は、それ自体が格差解消の手段としての教育の重要性を示しているといえるだろう。「働くこと」と「学ぶこと」を両立できるような環境の整備は現代においても、むしろ現代においてこそより重要であるといえるかもしれない。

３点目として、人々の行動の動機付けとしてのプライドや尊厳の重要性がある。１９５０年代の繊維産業の女性労働者たちが長時間の労働の後で必死に勉強した理由の１つは学歴に対するコンプレックスや差別を跳ね返したいという思いであった。また、「東洋の魔女」を日紡貝塚工場の労働者たちが支えた理由も、「自分のへやにはバレーの選手がいる、彼女たちは自分たちのところのスターだ、という一種の誇り」であったわけである。また、このようなプライドや尊厳を守る手段を提供することにより、企業は労働者を惹きつけることができたわけである。

このような意味で、戦後の繊維産業の事例は、教育機会の提供だけでなく、人々がそのプライドを回復する手段を提供すること、差別に対して対抗できるようにすることの重要性を示している。

最近の新型コロナウイルス感染症の影響で、差別的な扱いや暴言・暴力行為のような尊厳に対する脅威にさらされているのは、直接新型コロナウイルス感染症と戦う医療関係者や、接触機会の多い接客・販売スタッフではないだろうか。医療関係者は直接新型コロナウイルス感染症に触れる機会があるために差別が起こりやすく、接客・販売スタッフは「お客様は神様」という顧客重視の通念があるために尊厳に対する脅威にさらされやすい。新型コロナウイルス感染症の感染防止によるストレスをこれらの人々に対してぶつけているのではないかというような事例もしばしば耳にする。そのような時代であるからこそ、これらの人々を含めた人々のプライドと尊厳を守る手段を提供し、可能であれば企業が直接的にこれらの人々を差別や尊厳に対する脅威から守ることが求められる。例えば自社の従業員に対して広告等で感謝の念を示すこと、自社の従業員が暴言や暴力行為にさらされた際には「顧客だから」と収めてしまうのではなく敢然と立ち向かうこと、このような行為を通じて、自分の企業や職業に誇りを持てるようにすることが重要なのではないかと思う。

そしてもう1つ、新型コロナウイルス感染症の拡大により、労働者（とりわけ非正規労働者）の解雇や雇い止めが増えているが、それそのものがどうしても回避できないとしても、対象となる人々の尊厳を守る必要がある。その企業で働いていたことに誇りを持てないようであれば、その企業は労働者との良い関係を構築することはできないであろう。

第3章

「死の影」の下での消費者
―三越・主婦の友・生協はなぜ誕生したか―

第1章、第2章では、「死」を身近に感じる社会―「死の影」の下にある社会―における労務管理を取り上げ、戦前と戦後の繊維産業を例としながら、「死の影」の下での労務管理と、「死の影」が薄れた場合のその変化を取り上げ、そこから「コロナ後」の社会における労働者と企業との関係について考えてきた。

本章では、企業にとって労働者と同程度に、場合によっては労働者以上に重要な利害関係者である消費者を取り上げ、死が身近な社会における消費者の行動、そして企業と消費者との関係について、戦前の事例を取り上げながら検討していく。

1. 「死の影」の下での消費者

序章では、死の影の下にいる人々の行動について、①死や病気による不確実性を考えて支出を減らし、貯金をしようとする人々と、②自分の満足のためにお金を使ってしまう人々の2種類の人々がいることを述べた。

①のような人々にとっては、貯蓄を増やすために安さが重要になる。つまり、特定の企業にこだわることなく、安いものに流れていってしまう。売り手のほうもそのことがわかってくると、顧客に良いものを提供して引き留めるよりも低品質のものを高い価格で売りつける、いわば「ぼったくり」を考えるようになる。特に、売り手の側も入れ替わりが激しいような場合には、いわばお互いに知らない人同士の取引となるため、ますます「ぼったくり」の可能性が高まる。

そして、「ぼったくり」の可能性がある場合には、売り手が自分の商品を高品質なものだといっても信用されない。結果として、明らかに低品質のもののみ取引が成立することになる。これが経済学で「逆選択」といわれる問題であり、このような市場はレモン市場の名前で呼ばれる（Akerlof, 1970）[1]。ゆえに、消費者としては、安さを追求しつつ、低品質のものを避けなくてはいけないことになる。

②のような消費者の場合には、安さはそこまで重要な問題ではなくなる。しかし、例えば骨董品のようなものを考えてみると、その品質を知ることが容易ではない（下手をすると買って家に飾っていてもわからない）ために、やはり騙される可能性が高い。とりわけ、先に述べたような売り手の側の入れ替わりも激しければ騙される可能性は高まる。

以上のように考えると、「死の影」の下にある消費者にとっては、何らかの形で騙されることを避けるような仕組みが必要になることがわかる。①のような消費者と②のような消費者で動機はそれぞれに異なり、①の場合には安い価格で生活のための品が一定の品質で供給される仕組みが、②の場合にはぜいたく品や趣味の品について、価格は高くてもよいが高品質なものが確実に供給される仕組みが必要となるが、いずれにせよ騙されることを避ける必要があることは変わらない。

もちろん、騙されることを避けるのは「死の影」の下にない消費者にとっても同じく重要である。しかし、例えば①のような消費者を考えてみると、命を失うかもしれない（あるいはそうでなくても病気になるかもしれない）と考える消費者にとっては、貯蓄のために節約するのは切実な課題であっただろう。②のような消費者にとっては切実な課題とまではいえないだろうが、消費するものがしばしば高額な商品であることを考えれば、重要な課題であることには違いない。

そして、このような仕組みは売り手側にとっても重要になってくる。売り手側が良い商品を供給しようとしても、消費者が騙されることを恐れている場合には取引が成立せず、そのような商品は買ってもらえない。ゆえに売り手側から見れば、消費者の不信感あるいは不安感を乗り越えるような仕組みが必要になってくる。

それでは、戦前期の日本においては消費者が騙されることを避けられるような、売り手から見れば消費者の不安感や不信感を乗り越えるような仕組みはあったのだろうか。次にこの点を、明治以降の小売業の実態から見ていくことにしよう。

2. 戦前の日本における消費者と企業

明治維新から大正期に至るまで、小売業は基本的には江戸期から大きく変化していなかったように思われる。すなわち、取引の場においては定価がなく、売り手が自由に値段設定をしていたこと（掛け値）、そして支払いはいわゆるつけ払いで、盆暮れの年2回あるいは月末等に支払っていたこと（掛け売り）、形態としては小売店舗とともに行商という形態が一般的であったこと、また店舗があっても店舗に来るのを待つのではなく、売り手の側で顧客の家を訪問して注文を受け、商品を届けること（御用聞き）が一般的であったこと等を挙げることができる。

掛け値と掛け売りについては、三井呉服店が「現銀掛け値なし」を掲げて定価販売、現金決済とし、これが他の呉服屋に広がったことが知られているが（高柳，１９９６）、このやり方は必ずしも一般的ではなかった。例えば日用品などは掛け売りで売られており、また値段も定まっていなかった。さらに、売り方は御用聞きが一般的であった（廣田ほか，２０１７，１３６頁）。また、行商については、満薗（２０１９）が１８９６年の広島県の例を挙げ、広島県全体では小売商の約60％が行商であること、ただし広島市では店舗が67％を占め、行商は28％であることを示している。

これらの特徴は売り手に顧客を騙すことを可能にする。掛け値は当然ながら、顧客に対して高い値段をつけることを可能にする。定価がなく、価格の相場もわからないような場合には、結果として「ぼったくり」になることも多かったと思われる。また、御用聞きは顧客にとっては便利である一方で、品物の比較ができず、持ってきた品物の品質については売り手を信じるしかないことになる。これに対して掛け売りはそれ自体は売り手が顧客を騙すようなものではないが、逆に顧客が逃げる、踏み倒す等の形で売り手に被害を与えることを可能にするため、このような危険性を考えると、取引の際に値段をある程度引き上げておくことが合理的となる。結果的に、掛け値と掛け売りは売り手が顧客を騙す、あるいは騙さなくても若干高値でものを売ることにつながる。

すなわち、消費者の視点からすると、騙されることを避けようとすれば、御用聞きに頼るのではなく、自ら買い物に行き、品質を確かめ、他の商品と比較して相場を確かめて買う必要が出てくる。後で紹介する雑誌『主婦之友』がこの点について、自ら買い物に出かけることを勧めているのは、御用聞きに頼る従来の買い物では騙される危険性があったことを示している（前島、2012）。

さらに、行商人は特に都市部などでは顧客を騙してから逃げることが可能であるため、顧客を騙す可能性を高める。騙されたと思っても、店舗を持たない行商人を捕まえることは難しい。もちろん、行商人も定期的に巡回するような商人も多いため常にそうではないが、店舗があるよりはその可能性は高い。

また、明治期は企業の入れ替わりも激しく、売り手の側もしばしば倒産したりする。例えば、明治期の大企業のランキング（総資産による100社ランキング）を見ると、1896（明治29）年の大企業100社のうち、実に3分の2の67社、合併などを考えても63社が1911（明治44）年のランキングから落ちてしまっている（清水、1999、2001。なお第5章参照）。すなわち、売り手となる企業が顧客を騙す条件が揃っていたのである。

三越百貨店本店（1914年竣工）
出所：国立国会図書館デジタルコレクション『東京百建築』

3．戦前における流通の変革

(1) 百貨店

それでは、このような状況に対してどのような対応がなされたのだろうか。まず挙げておくべきなのは百貨店の誕生だろう。後で詳しく述べるとおり、百貨店は伝統的な流通の仕組みを大きく変えてしまったという意味で、大きなインパクトを持ったように思われる。

日本で最初の百貨店は三井呉服店を引き継いだ三越であるとされる(2)。三越は、店内に多くの品物を取り揃え、また奥に商品を置いておくのではなく、それを陳列して販売する陳列販売方式を導入して(3)、現在我々が考える百貨店に近づいたのである。また、百貨店の1つの特徴とされる定価販売、現金決済もそれ三井呉服店から引き継がれた。また、高島屋は百貨店化そのものは1919年と遅れたものの、それ以前に定価販売・現金決済と陳列販売を導入していた（藤岡、２００６、33～34頁、53～56頁）。

この三越のような百貨店は上流、中流階級をまずターゲットとし、高級なイメージを作り出していったとされる（初田、１９９３、82～86頁）。そして、とりわけこれらの人々にとっては、百貨店は高品質のものを豊富に取り揃え、安心して買い物ができると捉えられていた（初田、１９９３、94～97頁）。後で見る百貨店の大衆化が起こった後の話になるが、読売新聞１９３２年8月16日の記事「なぜ私たちは百貨店で買ものをする？　この根本問題を主婦に聴きませう」は興味深い。そこではまず「某富豪婦人」の談話として、

「私共はＭ百貨店と昔から取引がありまして、私共でも他の店から買はない代りに、Ｍでも種々便宜を計つてくれます、其他に兎に角品物が豊富です。それに品物が豊富な上にも良い物があるからです」

としており、良い物を取り揃えて供給しているというこの側面を示している。また、この談話は「昔から取引があり」、「他の店から買はない代り」に「種々の便宜」を図ってくれるというように、百貨店と顧客の間で特別な関係が形成されていることを示している。

この記述は、現在にも続くいわゆる外商、すなわち販売員が顧客を訪問して（しばしば高級品を）売るやり方の存在を示唆している。外商は前に述べた店頭販売と相反するように思われるが、百貨店においても外商そのものは引き継がれ、関東大震災後にも外商の強化が行われている（田村、

2011、155～156頁；新井田・水越、2013）。

さらに、百貨店はこのような上流階級向けのものから、1920年代後半以降大衆化していったと指摘されている。すなわち、1920年代になると上流階級だけでなく、より広く一般大衆にも利用されるようになった（初田、1993、174～179頁；大岡、2009）。前記の1932年の読売新聞の記事は、前記の富豪夫人だけでなく、「水道局女事務員」や「浅草某肉商夫人」など、大衆を代表すると想定される人々の談話も含まれている。そこでは、百貨店を利用する動機として、豊富な品揃えや品物を気軽に買えること、珍しい催し物や食堂等があること（ある種の文化体験）等が指摘されている。

そして、それと同時に百貨店は安くて安心して買い物ができる、という認識があることも指摘できる。例えば大岡（2009）が引用している1つの例として、「忙しい時に何でも間に合ひ品物が豊富で、しかも値が安いといふのですから安心して買ふことが出来る」という三輪田繁子（産婦人科医、三輪田高等女学校長三輪田元道の妻）の意見が紹介されている。この百貨店の商品の価格が安いというのは現代のイメージとは異なっているが、前記のような掛け値の存在を考えたときには、価格が安いというイメージも理解できる。また、大衆化の前に廃業してしまったが、初期の百貨店の1つである天下堂デパートメントストア(4)の広告が「日本一の廉価販売所」というフレーズを使っているのも（例えば東京朝日新聞1910年6月28日5面）、百貨店のほうがむしろ安いという理解を表しているものと思われる。

このように考えてくると、百貨店という仕組みは当初、特に上流階級の人々を中心とした消費者を

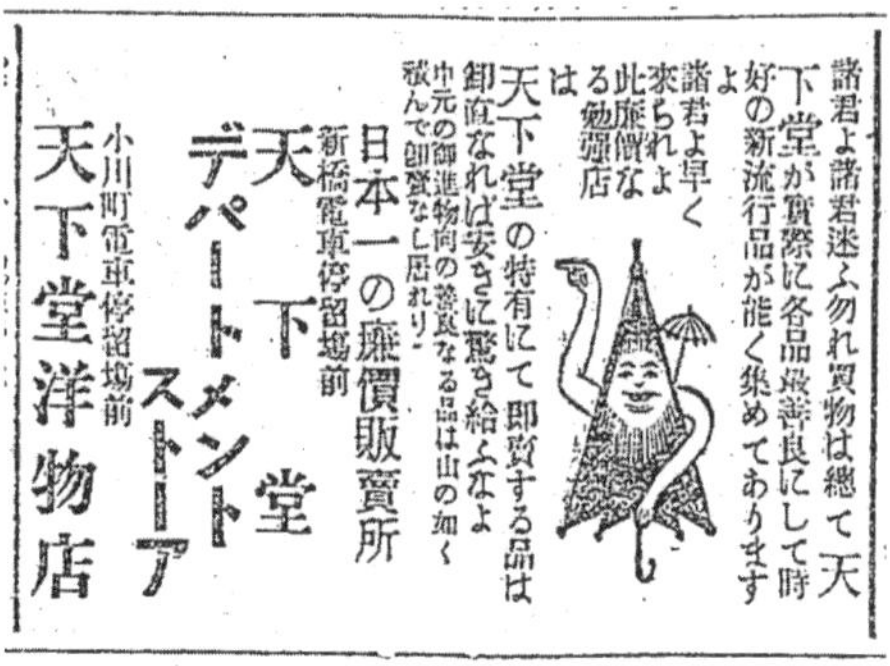

天下堂デパートメントストア広告
出所：東京朝日新聞1910年６月28日５面

騙さないための仕組みになっていたことがわかる。陳列販売によって他の商品との比較を可能にし、現金掛け値なしによって消費者が騙されることを防ぎ、確実に定価で購入することができる（藤岡、２００６、34頁）。また三越という名前を掲げ、高品質のものを提供していると期待されている状況で低品質の品を提供すればその評判に傷がつくであろう。さらに、外商という仕組みは消費者との間の関係を構築することで、百貨店が容易に顧客を騙せない仕組み――騙したら優良な顧客を失い、買ってもらえなくなる――となっている。

しかし、百貨店は、それだけでなく、大衆化の進展の中でより一般の消費者、すなわち安価で一定の品質の生活必需品を求める消費者にとっても騙されることを防止するメカニズムとなっていたものと思われる。このような消費者は外商のような仕組みは利用できなかっただろうが、「安価な商品を安心して購入できる」という評判がすでにあるのであれば、一般の消費者が対象であってもその評判を傷つけるようなことはできなかっただろう。関東大震災後に一般の人々を対象にして生活必需品の販売を始めたという初田（１９９３、１７７～１７８頁）の指摘は、このような文脈から理解できるだろう。売り手である百貨店の側から見れば、消費者は以上のようなことから

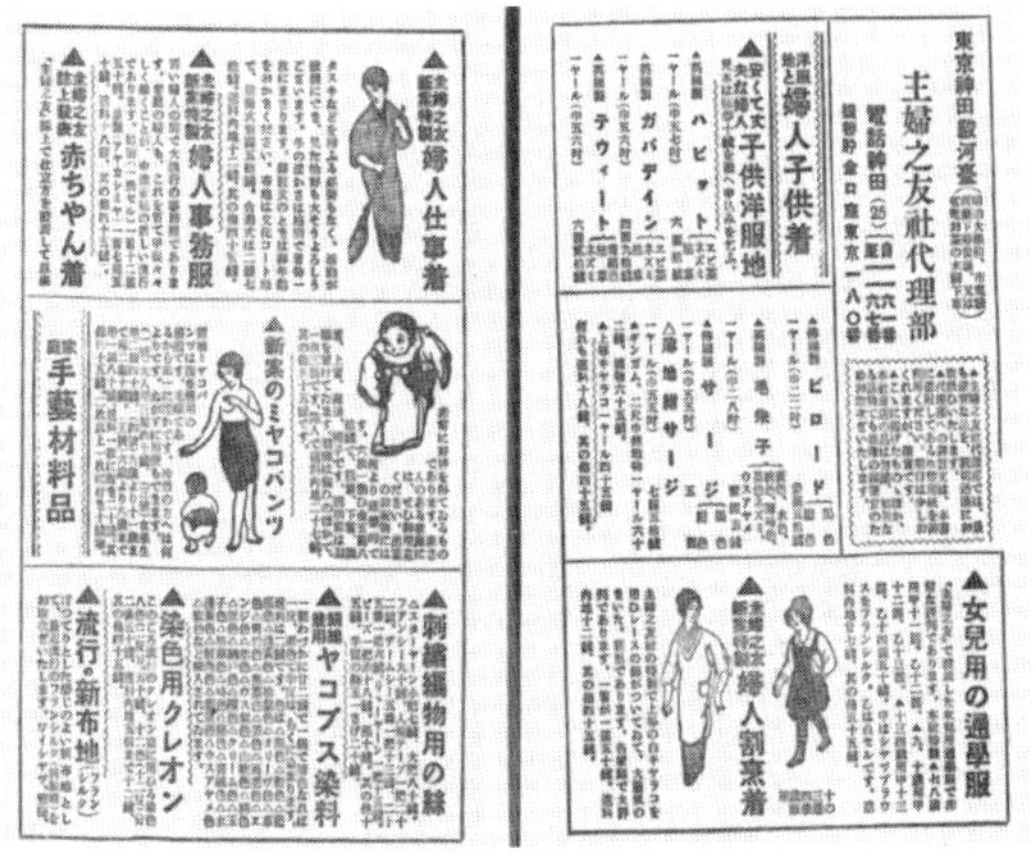

主婦之友社代理部広告（1927年）
出所：国立国会図書館デジタルコレクション
『新式和服裁縫の秘伝』（第4巻）

百貨店を信用し、安心して買い物をするようになるために、売上の増大を期待できるわけである[5]。

(2) 出版社による代理販売

しかし、百貨店は数も限られており、そこに行くためには時間もお金もかかる。また、当初は高級イメージであったとなれば、一般の消費者にとって常に利用できる手段ではなかっただろう。

このような場合に利用されるのが通信販売であった。通信販売自体は日本での歴史は長く、明治期の早い段階から存在しており（満薗、2014、40頁）、その後百貨店による通信販売なども見られたが、とりわけ通信販売の拡大をもたらしたものの1つが、主婦之友社（現主婦の友社）ほかの婦人雑誌の出版社、あるいは講談社等が設立した「代理部」によるものであった。代理部とは「新聞や雑誌が商品の斡旋や通信販売を、商品の生産者と読者の間を取り次ぐかたちで代行するために設けた部局」（土屋、2006）であり、雑誌や新聞そのものが販売するわけではないが、実際にはタイアップで商品を開発し、販売することもあった。

とりわけ、雑誌『主婦之友』の代理部は大きな反響を呼んだ。『主婦之友』は1917年に創刊され、当初の発行部数は1万部だったが、1921年末は25万5千部に達し、「東洋一」と言われた（石井、1940、107頁）。この雑誌を刊行する主婦之友社は創刊間もなくして代理部を設立し、家庭のための実用的な商品を販売した。この代理部からは1920年頃に滋養強壮剤である「活力素」というヒット商品が生まれ、その後も昭和期には神経痛薬「おほつゞらふぢ（おおつづらふじ）」等のヒット商品を生むと同時に、生活にかかわる様々な道具や食品（鮭缶等）を販売していた（主婦の友社、1967、63～65頁、154～155頁、293～296頁；前島、2012、満薗、2014、206頁）[6]。また、1933年頃には編集部が選んだファッションを雑誌で紹介しているうちに、読者からの希望で代理部で販売するようになり、これにも注文が殺到した（主婦之友社、1967、209頁、前島、2012）。講談社の代理部でも滋養飲料「どりこの」を宣伝してヒット商品となった（土屋、2006）。

このような代理部の販売は、消費者の側から見れば、もともと自分が信用し愛読している雑誌が選んだ商品であるため、安心して購入することができる。生産者からすれば、今まで知名度が全くなくても、雑誌が介在することで信用して購入してもらえる。そして、雑誌から見れば、代理部が信用を失うだけでなく雑誌の愛読者が離れるリスクを考えれば、自分たちできちんと選んで販売せざるを得ない（満薗、2014、214頁）。この点でいえば、主婦之友代理部の商品の中で主要なものの1つが「活力素」や「おおつづらふじ」等の医薬品あるいは健康製品であったことも理解できる。死の影の下で、医薬品・健康製品は人々にとってそれこそ命にかかわるものであり、そうであるがゆえに信頼できる商品を求めていたであろう。そのような中で、『主婦之友』がその製品の使用体験を記した記事を掲載し、そしてその製品そのものを販売することで（主婦之友社、1967、155頁）、このような製品について「騙される」危険性を下げることができたわけである。

さらに、雑誌という媒体を通じた読者と編集部の関係がこのような販売の仕組みを強化する。この点は、先に述べた雑誌で紹介したファッションを読者の希望で代理部で販売する事例や、読者から募集した図案を審査して優秀作を商品化し、百貨店や代理部で販売して大ヒットとなった「主婦之友浴衣」（1925年から）の事例からもうかがうことができる（主婦之友社、1967、112～115頁、前島、2012）。

このような意味において、出版社による通信販売は百貨店と同様に、消費者が騙されることなく信頼できる商品を購入できる経路となっていた。言い換えれば、雑誌の代理販売は、冒頭で述べた「逆選択」を回避し、市場を成立させるメカニズムとなっていたのである。この点で、大宅壮一が婦人雑誌を1つのデパートと表現しているのは興味深い（大宅、1959、193～194頁；前島、2012）。出版社の代理部は、機能的には百貨店と似たものと見なされうるのである。

（3）消費組合と小売市場

さて、このような代理部を通じた通信販売が普及したとしても、いわゆる生活必需品、特に食料等はこの経路で手に入れることは難しいだろう。実際、満薗（2014、202頁、206頁）を見ても、例えば『主婦之友』の代理部による通信販売では、缶詰はあっても米、味噌等は扱われていない。
それでは、①のような消費者（60頁参照）が安心して生活必需品を得る手段はあったのだろうか。このような手段としては、消費組合（購買組合）と小売市場、特に公設小売市場を挙げることができるだろう。

消費組合あるいは購買組合とは、現在でいう消費生活協同組合のことである。法的には購買組合と呼ばれ、一般的には消費組合と呼ばれることが多かった。

日本の生活協同組合（以下では「生協」）の歴史は、１８７９年に最初の生協とされる共立商社、同益社、大阪共立商店が生まれ、翌年に神戸商議社共立商店(7)が生まれたことから始まるとされるが、これらの組織はいずれも短命に終わった。その後、１８９８年頃から日本最初の本格的な労働組合とされる鉄工組合が共働店という組織を作っていったがこれもすぐに衰退した（日生協創立50周年記念歴史編纂委員会編、２００２、上、28～31頁）。１９００年には産業組合法が制定され、これに基づいて消費組合が作られていたが、やはり短命に終わるものが多かった。

これに対して、スペイン風邪の流行期である１９１９年頃から新たな消費組合（新興消費組合と呼ばれた）が作られ始めた。１９２０年には大阪ですでに存在していた購買組合を改組して浪速購買組合が作られ、同じ年に後で触れる購買組合共益社、１９２１年には神戸購買組合・灘購買組合等が作られている。これ以外にも大阪共働社、南恩加島購買組合等が作られた。東京でも１９１９年に家庭購買組合（吉野作造、藤田逸男らが設立し、戦前期の最大の生協となる）、１９２０年に共働社等が設立されている。

このような動きの中心となったのが、キリスト教の牧師で社会運動家、また当時ベストセラーとなった『死線を越えて』（1920年）の作者として知られる賀川豊彦である。賀川豊彦が設立にかかわった購買組合共益社は大阪における代表的な購買組合とされ（杉本、2011）、また同じく設立にかかわった神戸購買組合・灘購買組合は合併して灘神戸生協となり、現在コープこうべとして生協の代表的存在となっている。

この共益社の綱領は次のようになっている（山崎、1932、164頁、米沢、1988）。

一、実用本位の日用品を廉価に供給して組合員の生活を安定幸福ならしむ。
二、購買に因る利益金を二分し、一を組合員の資本金に積立て共同の利益を計り、他を組合員の購買高に応じて年末配当とし、組合員の家庭をして安定豊富ならしむ。
三、適当と信じたる貨物より、漸次製造を開始して一に実用本位の物品を造り、二に組合員に職を与へて相互扶助の達成を期す。
四、組合に薬局を設け医師を聘して組合員の実費診療を開始し病魔の不安と社会的不幸の軽減に努む

組合員のために「実用本位の日用品を廉価に供給」することが大きな目的となっており、実際にこの共益社や神戸購買組合・灘購買組合でも生活必需品である米・味噌・醤油等を取り扱っている。神戸購買組合の定款では、次のように掲げられている（「神戸購買組合の設立」労働者新聞1920年8月15日）。

第三十二条　本組合に於て取扱ふ物品左の如し
一、米穀、薪炭、味噌、醤油、乾物、塩物、肉類、漬物、砂糖
二、被服、雑貨、文具類
三、其他理事が必要と認めたる物品
四、本組合に於ては米麦を精白するものとす

さらに、「製造」については共益社では行われたかどうか定かではないが、神戸消費組合や灘消費組合では精米、味噌・醤油の製造が行われていた(8)。

購買組合は経営がうまくいかなかったものも多く、前記の共益社も創立から4年後の1924年には解散の危機に瀕しているが（米沢、1988）、このような購買組合の活動により、①のような消費者（60頁参照）に一定の品質の生活必需品を供給できたといってよいだろう。

最後に公設小売市場であるが、小売市場とは「開設者が場屋を建設の上、その売場を小売商に賃貸し、現金・正札・持帰り方式で販売させる」ものであり、特に公設市場では出店する業者を厳格に審査し、販売方法や価格を厳格に規制したとされる（廣田ほか、2017、136頁、薬師院、2006）。すなわち、百貨店のところで見てきた現金での定価（正札）販売が適用される市場であり、かつ誰かが届けに来るのではなく自分で持ち帰る方式、ということである。大阪市では1918年に市内4ヵ所で公設市場を開設したが、これは低所得者向けに食料品を安く売るための期間限定のものであった。しかし、その後期間限定ではなく、ここで述べたような形での公設小売市場がとりわけ大阪を中心に

拡がり、さらに私設の小売市場も作られていった。大阪市では1942年までに公設市場が55ヵ所に設置され、さらに166の私設市場が設置されたとされる（廣田ほか、2017、143頁）。この公設、私設市場は戦後に復活し、1950年代、60年代には大いに栄えるものの、最近は衰退していると されるが、なお現在でも存続している（薬師院、2006）。このような小売市場、特に公設小売市場は、業者を選別し、また掛け値や掛け売りを排除することで、①のような消費者に一定の品質の生活必需品を安価で供給する手段となったと思われる。

4．「コロナ後」の消費者と企業の関係

これまで、死の影の下にある消費者が騙されることを避ける仕組みとして、百貨店、出版社の代理販売、消費組合、公設小売市場の4つについて述べてきた。それでは、これらの仕組みの特徴とは何なのだろうか。

いうまでもなく1つの特徴は現金による定価（正札）販売であり、百貨店のみならず消費組合（ただし、消費組合では掛け売りもしばしば見られた）、公設小売市場で見られたものである。また、通信販売でも当然定価販売となる。現金による定価販売は、価格をきちんと決めるという意味で「ぼったくり」を防止する手段となっていることは間違いない。ただし、商品の品質については、直接見て確かめるというような手段しかなく、消費者が常に正しく品質を判断できるかどうかについては疑問が残る。

評判・ネットワークの力

そこで、これ以外の特徴に目を向けてみよう。公設小売市場は公的な規制を背景として品質の維持を図り価格の高騰を防ぐ仕組みであり、他のものとは少し異なる。そこで、公設小売市場以外の仕組みを考えてみると、その特徴として、騙すことを防ぐ仕組みとしての「評判」と「ネットワーク」の利用というものを挙げることができる(9)。

評判は、少し意味が拡がってしまうかもしれないが信用と言い換えてもよいかもしれない。また、ネットワークは、顧客との間の信頼関係やコミュニケーションを意味している。

百貨店については、いうまでもなく高い品質の商品を供給するという評判があり、そのような評判を裏切ってしまうと評判に傷がつき、顧客が離れるであろう。すでに述べたように、このような評判は②のような高品質の品を求める消費者（61頁参照）だけでなく、①のような生活必需品を求める消費者にも共有されるものであった。また、一方で外商により②のような顧客とのネットワークを形成することで、低品質の品を供給すると顧客が離れることになるため、顧客を裏切らないようになる。

また、出版社の代理販売は、雑誌の持つ評判、例えば『主婦之友』であれば主婦に対して実用的で有用な知識を提供するという評判があり、またそのような記事を実際に出し続けることで『主婦之友』の代理部の通信販売も実用的でよい商品を提供するものであるという評判（あるいは信用）が作られた。また、満薗（2014、214頁）が指摘するように、「婦人雑誌と読者との濃密な関係性」がこのような評判を支えていた。消費組合は評判というメカニズムはあまり利用していないが(10)、労働者を組織化し、その相互扶助の組織として組合を形成するという点は、まさにネットワーク化ということができるだろう。

すなわち、死の影の下で、消費者が騙されることを防ぐ仕組みとして、現金による定価販売に加えて、評判とネットワークというものがあったことになる。

さて、それではこのことは、「コロナ後」の社会に対してどのような意味を持つだろうか。

先に、戦前の社会と「コロナ後」の社会の類似点は、「死」を日常の中で感じる社会であることであると述べた。しかし、実は戦前の社会と「コロナ後」の社会は別の点でも似てくることが予想される。それは、コロナ後に実店舗の利用が減り、インターネット上の販売がより利用されることで、顧客が騙される機会が増大することである。

実店舗があれば実際に商品を見ることができ、また実際に店舗があることで、少なくとも実店舗を建設できるだけの資金と信用があることも一応はわかる。また、実店舗があれば逃げることは難しい（夜逃げ的な状況はありうるにせよ）。ところが、先に通信販売について述べたように、インターネットでは実物を見ることはできず、また誰でも売り手になることができる。さらに、ネット上の販売であれば逃げることも簡単である。このような欠点はインターネットオークションではよく認識されているが、それだけでなく楽天市場やアマゾン（amazon）のような場であっても「騙される」ケースがしばしば見られる[11]。

こう考えると、コロナ後の社会においてこそ、顧客が騙されることを防ぐ仕組みが重要になってくる。

ただし、現金こそクレジットカードに取って代わられているものの、定価販売というやり方そのものは現在すでに一般的になっている。[12] そこで、前述のような「評判」や「ネットワーク」を利用して、顧客が騙されないような仕組みを作ることを考えてみよう。実はこの「評判」として利用されているのは、アマゾンやグルメサイト等における星によるレーティングである。ただし、このようなレーティングそのものもまたインターネット上で行われているため、どこまで信用してよいのかは定かではない。確実なのは、やはり取引を積み重ね、顧客からの信頼を獲得することである。その1つの方法としては、先に述べた実店舗を作ることで信頼を獲得する方法があり、壮麗な三越百貨店本店ビル（1914年竣工）等はこのような意味で信頼を獲得する方法だったと考えることもできる。しかし、これも実は騙そうとする側がある程度投資する気になれば実店舗を作ることは可能である。ゆえに、実店舗を利用する（実店舗のある店から購入する）というのは可能な方法ではあるが、これだけでは十分ではない。

前述のような事例が示唆するもう1つの方法は、企業側が他の形で作られていた評判やネットワークを利用（転用）することである。三越はすでに呉服店として十分な評判を得ており、これを引き継ぐ形で百貨店の評判を獲得した。また、『主婦之友』等の出版社は読者というネットワークを代理部を通じた販売に利用したといえるだろう。このように、現在持っている評判やネットワークを利用することで、信用を獲得することができ、顧客側でもこれを信用して商品を購入することができる。

しかし、もちろん、このような形で利用できる評判やネットワークを持たない企業のほうが多いだろうし、あるいは持っていてもうまく利用できるとは限らない。しかし、上記の消費組合の事例からは、評判を持たなくてもネットワークを作っていくことで、企業（売り手）が顧客から信用されるようになる可能性が指摘できる。ただし、購買組合共益社が経営に苦しんだことからわかるとおり、ネットワーク化だけで顧客が信用して購入するようになるとは限らない。

むしろ、『主婦之友』の成功からは、『主婦之友』のように顧客との間にコミュニティを形成し、顧客が積極的に意見を述べ、それを売り手の側でも受け止める、というような形が好ましいことが示唆される。現在、ネット技術の進歩で顧客に対してポイントを付与したり、メールを送ったりということは簡単にできるようになっているが、そのような動きが一般化すると、人々もそれに慣れてしまい、実際に人々にコミットしてもらえるようなコミュニティを作ることは難しい。しかし、「コロナ後」の不安な時代であるからこそ、顧客と企業でいわばコミュニティを作り出し、顧客も企業もコミュニティの一員として信頼関係を醸成していけるような経営が必要なのではないだろうか。

第4章

企業と株主の関係─短期志向にいかに対応するのか─

前章では企業と消費者との関係を考えたが、本章ではもう1種類の、やはり企業にとって重要な利害関係者である株主との関係を考えていこう。すなわち、「死の影」の下にある株主はどのような行動を取り、そのことは企業にどのような影響を与えるのだろうか。

1. 「死の影」の下での企業と株主

まず、「死の影」の下にある株主（投資家）と企業の関係について論理的な整理をするところから始めることにしよう。(1)

序章で死の影の下にある人々の行動として、死や病気による不確実性を考えて支出を減らし貯金をしようとする人々と、自分の満足のためにお金を使ってしまう人々の2種類の人々がいることを指摘したが、投資を行おうとする人々の中にもこのような2種類の人々が存在しうる。すなわち、現在の収入を重視し、現在の配当を増やすことを求める人々と、将来にも継続的に収入が得られることを重視する人々（例えば投資収入で生活しているような人々）の両者がいる。序章で紹介した福澤桃介は、株主について「資本家は細く長く搾取せんことを求め…然し一方に太く短く利益を獲得しようといふ株主の集団」があると述べている（福澤、1926）が、[2] ここでいう「太く短く利益を獲得」しようとする株主が前者、「細く長く搾取」することを求める資本家が後者に当たる。

もっとも、もし株式市場が十分に整備されており、ある株式が市場で簡単に取引できるのであればこのような投資家の考え方の違いは大きな問題とはならない。というのは、経営がうまくいっていれば株価が上がっているはずなので、現在の収入を重視する人も将来を重視する人も、株式市場で株を売って、必要ならば他の金融商品（例えば国債など）に変えてしまえばよいのである。

しかし、そうでない場合、すなわち株式市場が未発達である、あるいはその株式が上場されていない等の理由で簡単に取引ができない場合、または取引はできてもその価格が適正ではない場合等の状況では話は変わってくる。そのような場合には投資家は市場で取引することなく、例えば現在の収入を重視する人であれば配当を増やすことを求めるだろうし、逆に将来の収入の継続性を重視する人は長期的なリターンのあるプロジェクトを求めるだろう。このような場合には、投資家の要求は経営に対して直接影響を与える。

それでは、投資家全体として見た場合にはどちらがより多いのだろうか。言い換えれば、死の影の下にある投資家は、株式市場で簡単にかつ適正な価格で株式を売却できない場合に、平均的に見てどのように行動するのだろうか。

　この点はもちろん状況によるのだが、全体としてはより現在の分配を求める方向に、言い換えれば短期志向的になりやすいものと予想される。死の影の下で、より資産を拡大しようとする投資家を想像してみよう。このような投資家にとって、例えば将来において利益を生むような投資を行った場合の将来の不確実な利益と現在確実に得られる利益（配当等）を比較したときに、将来の不確実な利益では（とりわけ自分が病気になった場合等についての）十分な生活の保障にならないと考えれば、現在確実に得られるものを得ておき、必要であればその得られた利益（配当）を例えば国債のようなより安全な投資先に再投資するほうがより確実な方法であろう。そうなれば、現在の配当を重視するのがより自然ということになる。この結果、投資家は全体として見れば例えば配当を増やすような形でより短期的な利益を求めるだろう。

　しかし、経営者はこのような要求を無条件に受け入れるわけにはいかない。というのは、配当を増やそうとすれば労働者等の他の利害関係者に対する分配を引き下げることになりかねず、もしそうなれば労働者の側の反発が起こるだろう(3)。さらに、株主に対する分配を拡大することが貧富の差の拡大につながるようであれば、社会的な反発を引き起こす可能性がある。さらに、企業の将来を考えれば、常に新しいプロジェクトに投資をし続ける必要もある。

　ゆえに、経営者としては、そのような株主の要求を考慮しつつ、一方で会社の将来のための投資や他の利害関係者への分配も考えなくてはいけないことになる。死の影の下にある投資家との関係では、経営者は株主の短期志向の要求にいかにうまく対応するかが問題となってくるわけである。

2．戦前の株主と経営者の関係

(1) 株主の短期志向

それでは、戦前の株主、特に投資家たちは前節で述べたような意味での短期志向的な、言い換えれば「近視眼的な」存在だったのだろうか。そして、このような株主はどの程度経営に対して影響力を持ち、これに対して経営者はどのように対応していったのだろうか。次にこれらの点を見ていくことにしよう。

短期志向と高い配当性向―株式会社亡国論―

まず、前提条件として株式市場の状況を見ておこう。日本における株式市場の歴史は意外に古く、1878年には最初の証券取引所である東京株式取引所ができている。同じ年に大阪株式取引所も設立され、その後は横浜、神戸、京都、名古屋と株式取引所が設立されている。これらの取引所の中心となったのが東京株式取引所であるが、上場企業数で見ると、1900年に96社、1915年でも160社と上場企業数は限られていた。さらに、そこでの取引は投機的な清算取引（株式の現物をやり取りせず、一定期間後に反対の取引を行って清算する）が主流となっており、必ずしも株式の流通市場として十分に機能していたわけではなかった（岡崎・浜尾・星，2005）。むしろ、株式の現物取

東京株式取引所内部（1910年頃）

引は株式を扱う取引所外の商人たちの店頭で行われていたのである。

このような取引を場外市場と呼ぶこともあるが、実際には市場のような集団取引ではなく、分散的なものであった（野田、１９８０、２６９～２７４頁）。１９１８年以降、東京株式取引所はこのような場外市場で取引された株式を上場させ、この結果、１９２５年には７１２社が上場するに至ったものの、取引は圧倒的に清算取引に偏っていた（岡崎・浜尾・星、２００５）。このような点からすれば、株式市場はある程度発達していたものの、投資家が適正な価格で売却するというような流通市場としては不完全なものであったように思われる。

また、１９２５年の時点で上場会社の資本金は全株式会社資本金の50％程度を占める一方で、取引所上場企業７１２社に対して株式会社の総数が２０、７３６社(4)であったことを考えると、著名な会社はかなりの程度含まれていたと思われる一方で、株式市場で取引される会社の範囲にはなお限界があった。実際、当時の株式取引は基本的には縁故募集であり、売却は難しかったことが指摘されている（中村、２００５）。

以上のことから、投資家は必ずしも株式市場を利用して適正な価格で売却するということができたわけではなかった。ここからすれば、株主が短期志向になり、現在の配当の増加を求めるのはいわば自然な反応であろう（北浦、２０１４）。

そして実際、戦前の投資家についてはその短期志向性と高配当への強い要求がしばしば指摘されてきた（森川、１９９６、１００頁、宮島、２００４、２０８～２０９頁、川井、２００５、川本、２００６、北浦、２０１４）[5]。その中で一番有名なものは、高橋亀吉の『株式会社亡国論』（高橋亀吉、１９３０、４～５頁）における指摘であろう。

「…我が会社経営の多くは、事業永遠の発達を図るために必要なる施設を左の如く怠りながら、それに充つべき大切な資本を株主への高配当に費消して了（しま）ってゐるのである。

（一）一時的に巨利のあつた場合と雖（いえど）も、之を将來の発展、乃至（ないし）難局への準備として保留する代りに、目前、株主へ無茶な高配當をして使用して了（しま）ふ

（二）加之（しかのみならず）、償却も十分行はず、万一に備ふる積立も少くして、出来るだけ目前の株主配当を高率にするが故に、会社の財政基礎は非常に薄弱となる。

（三）事業将来の発展を培（つちか）ふに必要な、研究費、旧式設備の淘汰に由る新式設備の補充、全設備の能率的運転に必要な手入れ、等を等閑にしてそれに充つべき費用を株主の配当に振向けるが故に、事業は漸次に荒廃する。」

松永安左エ門
出所：国立国会図書館ウェブサイト
「近代日本人の肖像」

また、当時の経営者も同様の指摘をしている。福澤桃介のいわば盟友として電力事業で活躍し、後に電気事業の再編成を主導して「電力の鬼」と言われた松永安左エ門（東邦電力副社長、後社長、戦後は電気事業再編成審議会会長、電力中央研究所理事長を務める）は１９２７年に次のように述べている（松永、１９２７）。

「経営を任せてある或る一人に向ひ、先づ少しでも配当の多からんことを要求し、差当たり持株の値が一円でも高くなりさへすればい丶、となる。『わが国は金利が高く、税金も高い。且（か）つ物価も高くなつた。しかも払込金は銀行から借りてゐるのだから、減配に遭つて、株価が下りでもすると、銀行からアタマ金を請求され、遂には担保流れとなり、やがて生活が脅威される』などと捻ぢ込み、タコ配当でも何んでも構つたものではない。とにかく配当を減少してはならぬと迫る。」

この後半の部分は後で触れる株式担保金融、すなわち株式を担保にして銀行から借り入れて株式の購入をすること（この引用では新規発行株の資本払込み）と配当との関係を示しているが、この点も含めて株主が高配当を求めていたことは明らかであろう。

2．戦前の株主と経営者の関係（注：157頁）

戦前日本企業の配当金・配当性向

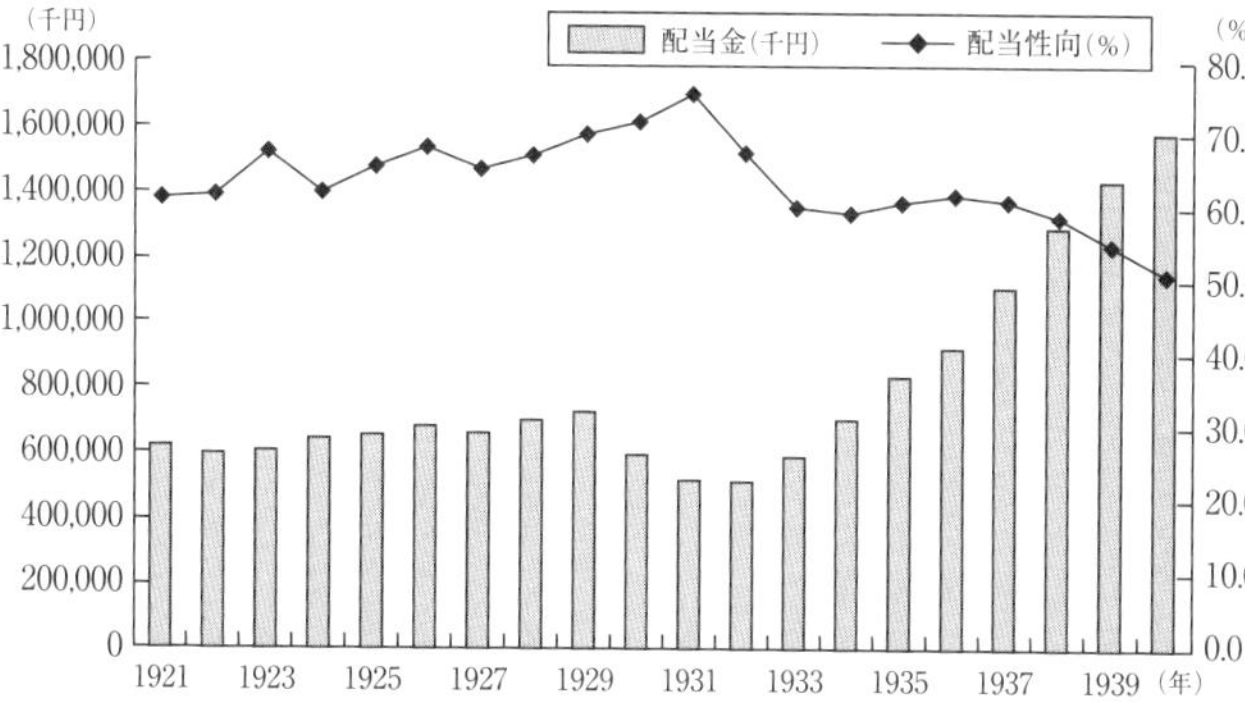

注：配当性向＝（配当金／純益金）×100で算出。また、株式会社に限定した値である。
出所：商工大臣官房統計課『会社統計表』各年版より作成。

出所：川本（2006）

そして、株主の配当への要求の強さを物語るものとしてしばしば指摘されるのが、利益の中で配当される比率(配当性向)の高さである。すでに高橋亀吉（1930、14～16頁）がこれについて、優良企業であっても利益の70～80％を配当および重役賞与に充ててしまうこと、企業によってはこの数値が95％になるものがあり、これは米国の大企業の同じ比率が20～40％であることに比べて大きな格差があることを指摘している。実際に、戦前の大企業の平均的な配当性向は1921～1930年の時期に60～70％程度であり（川本、2006）、この数値は現代日本の上場企業の平均的な数値である3割程度よりはるかに高い（例えば「配当性向 3割どまり 日本企業、欧米・アジアに見劣り」日本経済新聞2018年7月14日朝刊）。この結果、好景気の時期を除けば、内部留保によって投資を行うことは難しくなる。上記の高橋亀吉（1930）の引用の（一）と（三）はこのことを意味している。

　このような高い配当性向にはもう1つの理由があった。戦前期の大企業は銀行借入れや社債発行を行う一方で、株式の発行により多くの資金を調達していた。ところが、株式を買い入れる側の投資家の側も資金には限度がある。そこで、現在持っている株式を担保にして銀行から借り入れ、株式の購入資金や新規発行株式の払込みに充てる「株式担保金融」というやり方がしばしば行われていた。そして、担保の価値は株価で評価されるため（高橋亀吉、1930、187～188頁）、株主には株価を維持するインセンティブがあり、この株価の決定には配当が大きく影響したとされるために（明治期を対象とした分析であるが、片岡、1987）、株主は高配当を要求したと指摘される（中村、2005、川本、2006）。また、配当を借入れの利子として支払いに充てるという必要もあった（寺西、2003、87～88頁）。

　なお、株主の短期志向性はいわゆる財閥系企業、すなわち、三井、三菱、住友等の財閥の下にあった企業とそうでない企業で異なっていることが指摘されている（高橋亀吉、1930）。すなわち、財閥系企業をコントロールする財閥本社は十分なスタッフを持ち、投資プロジェクトの将来性等を審査することができ、また十分な資金を持つために短期的な収益を上げる必要性がない。このために、財閥については必ずしも短期志向ではないと指摘されている。このため以下では、とりわけ非財閥系企業を念頭に置いて話を進めることにする。

（2）株主の経営に対する影響力―社長の多くは非常勤だった―

　次に、このような株主の影響力の大きさを考えてみることにしよう。右の配当性向の問題についてもいえるが、株主が短期志向あるいは近視眼的であったとしても、そのような株主が実際に経営に対して持つ影響力が小さければ、短期志向は経営に対してあまり大きな影響を与えない。

しかし、前節で述べた配当性向の大きさは、株主が経営に対して影響力を持っていることを示唆している。実際、明治から大正にいたるまでの間、すなわち1920年代半ばまでは株主が経営に対して大きな影響力を持っていたことが指摘されている。

明治期の日本では企業を設立するための資金が不足していたことから、資金提供者＝株主となるのは主として華族、商人、地主等のもともと資金を一定程度持っている人々であった。これらの人々や、あるいは投機などでお金を貯めた人の中から多くの企業に投資する投資家が出てきた。そして、明治期の企業は家族所有でない場合には、しばしばこのような投資家のグループの共同事業として設立されたのである（宮本・阿部、1999）。そして、このような企業の意思決定権を持つ取締役は、これらの投資家によって独占されていた。投資家はしばしば複数の企業で取締役や監査役、場合によっては社長等の地位を占めていたが、基本的にはそれらの役職は非常勤であり、ある特定の会社の経営にコミットするよりも、財務的な成果にのみ関心があったとされる。現在では常勤の経営者の代表ともいうべき社長についても、この時期からかなり長い間、多くはその地位が非常勤の取締役によって占められていた。森川（1996）は、1930年の時点でも常勤の経営者は社長の約半分に過ぎなかったことを示している（118頁）。一方で、経営そのものは株をほとんど持たない（オーナー一族でも投資家でもない）、多くは大学出の経営者たち（株式の保有によるのではなく、俸給を得て経営に当たるという意味で、専門経営者とか俸給経営者と呼ばれる人々）に委ねられたが、彼らのほとんどは取締役の地位を持っていなかったとされる（森川、1981、71～72頁、宮本・阿部、1999）。実際、1908年の時点で見て、経営者たちはほとんど取締役の地位を占めていなかった（森川、1981、59頁）。このような状況では、投資家や創業者一族などが大きな発言権を持つ一方で、大学出の経営者たちは大きな権限を持っていなかったと思われる。

また、取締役以外の株主たちも、株主総会の場、あるいはその他の会合等で積極的に意見を述べ、経営に影響力を行使していた。個別の事例を見ても、大阪紡績（宮本・阿部、1999、結城、2011）、日本生命（宮本・阿部、1999）、日本鉄道（中村、2005）、両毛鉄道（石井、2013、第2章）、利根発電（石井、2013、第4章）等、いずれの事例も株主が株主総会等で積極的に議論し、かつ経営者もそれに応じて動かざるを得ない状況を示している。

ところが、このような状況は徐々に変化してくる。一方で、経営の規模が拡大し、また複雑になっていく中で、大学出の経営者の影響力が拡大し、他方で投資家は取締役であることによるわずらわしさから逃れるために取締役となることを避け、結果として取締役の地位を占める専門経営者の数が増加してきた。森川（1981）に掲載されているデータを基礎として筆者と松中学・名古屋大学教授が構築したデータセットを利用して計算してみると、1913年の時点で日本の大企業の取締役の16%が専門経営者によって占められていることがわかる（清水・松中、2020）。

これらの専門経営者は、しばしば「専務取締役」あるいは「常務取締役」という肩書を持っていた。現在では専務取締役あるいは常務取締役の肩書は取締役の間での序列を示し、副社長に次ぐ序列が専務取締役、その下が常務取締役となっているが、戦前期では違う意味で使われていた。専務取締役とはその会社において実際に経営を担当する実務上の責任者（通常は専任で常勤）を指し，常務取締役も同様の意味で，ただし専務取締役がいる場合にはそれに次ぐ地位の取締役を指していた（由井，1979）。つまり，しばしば非常勤である社長に代わり，実質的な経営のトップであったのが専務あるいは常務であった。(6) 現代でいえばむしろ社長代理のような地位というほうがわかりやすいかもしれない。

筆者らのデータからは1913年の時点で，日本の大企業の専務取締役あるいは常務取締役のうち約40％を専門経営者，すなわちオーナー一族でも投資家でもない人々が占めていたことがわかる。まだ過半数には達していないが，前述のようにすべての取締役の中で専門経営者が占める割合は16％であり，専務取締役・常務取締役には専門経営者が相対的に多いことがわかるだろう。

専門経営者の取締役への進出はその後も進み，1930年のデータでは日本の大企業の取締役のおよそ40％を専門経営者が占めることになる。とりわけ専務取締役あるいは常務取締役については，専門経営者が約60％と過半数を占めることになる。

そして，このような状況は，取締役の間で「経営を担当する取締役」と「監視を担当する取締役」の機能分化を生み出した。すなわち，専務取締役・常務取締役および経営を担当するその他の常勤の取締役（その多くが専門経営者）と，専務取締役・常務取締役のような肩書を持たない非常勤の取締役（投資家等）の分化である（清水・松中，2020）。この非常勤の取締役については高橋亀吉（1930）は批判的であるが，岡崎（1994）は社外取締役が有効な監視役となっていることを，当時の経営者の手記などから指摘している。(7) すなわち，経営そのものは専門経営者に委ねられるようになったが、社外取締役（当時の言葉では社外重役）が株主の利益を代表して経営を監視し、意見を述べていた（岡崎、1994、2012）わけである。

また、株主の影響力にも変化が見られた。1920年代になると、従来株主からの払込みが大きなウェイトを占めていた資金調達において、電力・鉄道企業などを中心に社債の発行が増大し、株主への依存度が低下した。また、紡績企業においては、第一次世界大戦期の高利潤により内部留保が増加した結果、やはり株主への依存度が低下した（以上について中村、2005）。この結果、個人大株主の（取締役等の形での）経営への参加が後退した。また、株主の中で個人株主の存在が縮小し、財閥本社のような持株会社や同業他社、あるいは生命保険会社などの機関投資家の存在が相対的に大きくなってきた（志村、1969、406～428頁）。

すなわち、明治期にはほぼすべての取締役は投資家やオーナー一族であったが、次第に専門経営者が進出し、経営そのものはそのような専門経営者（あるいはその他の常勤の経営者）に委ねられていった。一方で、企業の株主への依存度は低下し、また株主の側も個人株主から法人株主に変わっていった。

このような中で発生してきたのが、経営者による株主の「引込み」と「共存」とでもいうべき状況である。ここで「引込み」とは、経営者が株主を説得して経営者の方針を支持するよう働きかけることであり、「共存」とはその結果として経営者が株主の利益を損なわず、株主は経営者の経営方針を支持するという形で協力的な関係を維持することを意味している。もう少し具体的にいえば、経営者の側で株主に対し、長期的な視野に立つ経営の重要性を説得し、配当を抑えて内部留保を増やすことを認めさせ、あるいは株価を吊り上げようとする動きを抑える一方で、取締役のような形で株主の経営への参加を維持し、さらに株主の意向に応えて時には増配などを行う、という形で株主と経営者の協力関係を維持するものである。

このような動きは、専門経営者である山辺丈夫（専務取締役から社長）が率いていた1900年前後の大阪紡績においても起こっていたが、鐘淵紡績（鐘紡）の武藤山治の例はこの点でも興味深い（川井、2005、加藤、2018）。武藤は、1900年に全社の支配人に就任して以降、株主が長期的視点に立つことの重要性を株主に対して説得し（武藤、1963）、減配を認めさせ、その後も株主による株価の釣り上げや増配を目的とする動きを抑え込んだ。しかし、その一方で、日露戦争の時期以降は順調な業績や第一次世界大戦期の高利潤をもとに高配当を維持し、これによって労働者福祉の向上などを含めた自らの経営方針に対する支持を取り付けた（川井、2005）。また、株主についても三井合名会社や従業員持株会等は安定株主となっており、外部株主でも武藤の経営方針を支持する株主が増えてきた。武藤が社長に就任した1921年以降は必ずしも高収益・高配当を維持し続けられたわけではないが、配当を安定的に維持しながら、企業の社会的な責任等について株主を説得し続け、結果的に株主の支持を維持していた。武藤自身のある種のカリスマもあったものと思われるが、武藤の社長退任時には株主から留任運動が起こったという事実がこのことを示している（加藤、2018）。

武藤の「其処（そこ）へ来ると経営当局者は娼妓の如きもので、株主は嫖客の如きものである。朝には呉客を送つて、夕には越郎を迎へ、絶えず変る株主と云ふお客の機嫌気褄を取つて、会社の隆盛を謀らねばならぬ」（武藤、1963）というコメントはこの武藤による株主の引込みと共存を（いささかひねくれた表現ながら）うまく表している。武藤に関しては、第１章でも触れたように、その労働者福祉政策について功利的な判断に基づいており、あくまで株主を重視しているという指摘もあるが（兼田，２００３，２５４～２５５頁）、その指摘はおそらく正しいものの、前述のような専門経営者がようやく進出し始めた状況においては、この株主の引込みと共存というやり方はある程度妥当なものであったと思われる。

なお，結城（２０１２）は株主が長期的投資に合理性を見出した場合にはそれを支持し、そうでない場合に短期的な配当の最大化を支持しており、このような長期志向の企業と短期志向の企業が１９１０年、２０年代の綿紡績産業には混じって存在していたと指摘している。結城はこのような状況が発生するメカニズムについては述べていない（株式市場の評価によっていわば自生的に発生することもありうる）が、この結果を経営者が長期的投資の合理性について株主を説得できた企業とそうでない企業との違いであると理解すれば、前述した経営者による株主の引込みと共存という見方と整合的である。

このような株主の引込みと共存は、昭和金融恐慌や世界恐慌を経た後の１９３０年頃から広まっていったように思われる。配当性向の動きを見ると、１９３１年をピークとしてその後低下し、戦時期にはさらに低下する。すなわち、株主への配当として分配してしまうのではなく、内部留保して投資の原資としているわけである。そして前記の武藤の行動からも明らかなように、このような株主の引込みと共存は労働者福祉の基盤ともなっている。株主の利害を考慮しつつ、長期的な経営政策の重要性を株主に伝えていくことで、労働者福祉を全体の経営の中に位置付けることが可能になるわけである。

なお、1937年の日中戦争開始以降、日本は戦時体制に入っていくが、その中では経営に対する株主の影響力を排除し、株主の配当を制限し、経営者と労働者を中心とする「資本、経営、労務ノ有機的一体タル企業」（『経済新体制確立要綱』1940年）を国家の統制の下に確立するという方針に変わっていく。これは株主を引き込むのではなく、国家全体の統制の下に株主の権力をコントロールしようとするものであり、別のロジックとして考えることができるだろう。経営者と株主の共存は、株主の権利の抑制という形に変わっていった。

3.「コロナ後」の株主と企業の関係

以上述べてきたように、戦前期において、死の影の下に置かれた株主は短期志向的であり、高配当を求め、明治から大正にいたるまで、株主の権限の強さを背景として実際に高配当を得てきた。しかし、専門経営者の台頭と株主への資金的依存度の低下、株主の法人化等を背景として、経営者が長期的な視野を持つ経営の重要性を伝え、一方で株主の利益を保護する（配当を極端に引き下げない等）ことで、経営者が株主を引き込み、経営者と株主が共存する体制が作り上げられてきた。これは戦時期に株主権の抑制に取って代わられてしまうが、企業における内部留保の増加は、戦時期までは経営者と株主の協力的な関係は拡大しつつあったことを示唆している。

それでは、このようなことは「コロナ後」の経営に対して何を示唆するだろうか。まず考えなくてはいけないことは、現在では株式市場がある程度拡大し、またグローバルに拡がったことで、株式が市場で簡単に取引できるようになり、ゆえに株主の短期志向は経営に影響を与えないように見えるという点である。もしそうであれば、戦前の日本における経験はそもそも参照する必要がないことになる。

しかし、本当にそう言ってしまってよいのだろうか。最近の行動ファイナンスによる研究を見ると、投資家が必ずしも合理的ではなく、ゆえに市場の価格形成も理想的ではない可能性が示唆される。例えば、長期的に得をするであろう投資でも短期的な損失を恐れてそれを回避しようとする行動（近視眼的損失回避。Benartzi and Thaler, 1995）である。これは一般的にいえる現象であるが、これを「コロナ後」の世界に当てはめてみると、新型コロナウイルス感染症による損失や利益にいわば過敏に反応して株式を売却するなど、投資家が近視眼的に行動する可能性がある。

これはあくまで可能性に過ぎないが、「コロナ後」の世界においては新型コロナウイルス感染症による経済的なパフォーマンスの悪化を恐れて（これもある意味で「死の影」といえるだろう）、株主はしばしば短期志向になりうることを示唆しているとはいえる。そうである限り、短期志向な株主に対する対応策を考えておくことには意味がありそうに思われる。

もちろん、現代では法人である機関投資家の影響が増大しているために、「死の影」の下にある個人投資家の影響についてはそれほど重視する必要はないのかもしれない(8)。そして、少なくとも機関投資家のほうが個人投資家に比べ長期的な視野を持ちやすいこともまた明らかであろう。しかし、機関投資家の運用方針もまたそこに投資をする個人の要望にある程度影響されざるを得ないと考えれば、「コロナ後」の社会における短期志向の拡大の可能性はやはり考えておく必要があるだろう。

すでに述べたように、短期志向の株主への対策として発達してきたのが株主の「引込み」と「共存」である。「引込み」はもちろん株主との対話を意味するが、それだけではなく、経営方針の意義を伝える中で、いわば株主をファンにしてしまうような、あるいは前章の言葉でいうならば株主を「コミュニティ」にしてしまうようなことを意味している（高橋伸夫，２０１０，7～14頁，21～25頁）。実際，加藤（２０１８）が紹介する武藤山治に対する一部株主の武藤に対する態度は（もちろん，武藤が株価や配当を高めてくれるという認識の下であるにせよ）ファンといってよいように思われる。もちろん，株主の全員がファンである必要はないが，主要な株主を「引き込み」，自社のファンにしてしまうことで，長期的な経営方針の支持を取り付け，あるいは労働者福祉の充実なども図ることができる。最近「ファン株主」という言葉も使われるようになっているが，どうもそこでは個人株主が想定されているように思われる。個人株主だけでなくファンドなどを含め，いかに経営に「引き込む」かを考える必要がある。

もう1つの引込みの方法はいうまでもなく社外取締役である。社外取締役というと株主に代わって経営を監視するという認識が強く，またもちろんそれは正しいのだが，一方で株主の見方を経営者に伝え，株主を引き込むための情報提供を行うことができる人々という見方もできる。

いずれにせよ，「死の影」の下でしばしば短期志向になりうる株主に対しては，そのような株主を経営に引き込み，共存していく，言い換えれば株主をファンにしていく必要がある。抽象的に株主との対話というだけでなく，いかに株主（特に主要な株主）をファンにしていくかが重要なのだと思われる。

第5章 「死の影」の下での企業

これまで、人々が「死の影」の下にあるときに、人々の行動がどのように変化し、その結果経営にどのような影響があるかということを、企業の利害関係者ごとに、すなわち労働者、消費者、株主（投資家）をそれぞれ取り上げながら、検討してきた。

そのような検討の中でしばしば触れられてきたのが、企業と利害関係者との関係であった。例えば、労働者についてはその定着、すなわち企業と労働者の関係の長期化が1つの焦点となっており、消費者との関係についても、評判とともに顧客とのネットワーク、すなわち信頼関係やコミュニケーションが問題となっていた。また、株主との関係についても、株主の「引込み」と「共存」という形での関係の構築が重要であることを指摘した。

これらの関係について、その前提となるのが企業そのものの存在である。すなわち、企業そのものがある程度継続的に存在するのでなければ、労働者や消費者、あるいは株主との関係を構築し、維持することは難しい。

そうであるとすれば、死の影の下でまず企業そのものがどの程度継続的に存在しうるのか、どの程度継続的であると考えられていたのかを改めて検討する必要がある。

とりわけ、このような問いは、企業というものの存在を前提として、そのような企業と関係を維持することが当然とされていた時代を経て、新型コロナウイルス感染症の影響の下でその意義そのものが問い直される時代において（例えば「組織頼みから個の時代へ」日本経済新聞２０２０年9月11日朝刊1面）、改めて問われる必要があろう。

以下では、死の影の下で企業が継続的に存在する意味を整理した上で、実際に企業はどの程度継続的に存在してきたのかを検討し、そこから企業を継続的な存在にする試みについても論じていく。その上で、企業が継続的に存在することの意味について検討する。

1．企業の意義

企業という言葉はいささか曖昧な言葉だが、一般的には利益を目的として経済活動に従事する主体というぐらいに定義され、そこには個人でやっている事業（例えばネットビジネスのようなもの）から複数人の共同事業、さらには多くの従業員を抱える事業体のようなものまで含まれうる。ただし、一般に我々が企業といった場合には、個人事業や少数の人間の共同事業よりも、多くの人々が（それぞれバラバラに活動するのではなく）お互いに調整しながら活動するような主体が想定されている。

このような活動を「組織的な活動」と呼ぶことにすれば（例えばBarnard, 1938, Simon, 1997）、企業とは、利益を目的として組織的な経済活動を行う主体，ということになる。

それでは，このような意味での企業活動，すなわち組織的な経済活動はなぜ重要なのだろうか。まず分業による生産性の向上というものを挙げることができるだろう。アダム・スミスの『国富論』(Smith, 1789, book1, ch.1)[(1)]のピン生産の例でも知られるように，10人の人がそれぞれある製品のすべての工程を担当するよりも，生産工程を例えば10分割して，それぞれの工程を1人が担当するようにすれば，生産性は飛躍的に向上するだろう。ただし，分業をするだけでは，その製品がきちんと生産されるとは限らない。製品がきちんと生産されるためには，お互いの活動の調整，すなわち生産のスピードを合わせたり，次の工程以降のことを考えて生産するというようなことが必要になる。ゆえに，分業には活動の組織的な調整（協業）が不可欠であり，この分業と協業を行うものが企業であると見ることができる。

これだけであれば，企業というものはある事業を行う間だけ，例えばあるプロジェクトの間だけ存在すると見ることもできる（Barnard, 1938, ch.3 参照）。もちろん，このような企業も存在しうるが，実際のところ多くの企業は短い時間の間だけ存続するのではなく，より長い間存続する。

それでは，なぜ企業は瞬間的なものではなく，長い間存続するものなのだろうか。言い換えれば，長く存続する企業にはどのような意味があるのだろうか。

企業というものが組織的にその活動を行っているものということを前提とすると，企業の活動は個人の事業や少数の人間の共同事業とは異なり，特定の個人に依存しないことになる。

このことは，企業の存在が，個人の死や病気によって影響を受けなくなることを意味する（高橋，

２０１６、３１０～３１２頁）。個人事業であれば、その個人が亡くなる、あるいは病気により事業から引退するような場合には、おそらく事業そのものが消滅するだろう。共同事業であれば事業そのものは存続するだろうが、少数の人間の共同事業であればその中の１人が抜けることの影響は大きい。場合によっては事業そのものが縮小する可能性もある。すなわち、事業が少数の個人に依存している場合には、死の影はその事業に将来の不確実性をもたらすのである。

そして、ある事業が特定の個人に依存している結果として、その個人の死あるいは病気等による事業の消滅あるいは縮小の可能性は、利害関係者に負の影響をもたらす。例えば、その事業に従事している労働者からすれば、その個人の死や病気が事業の消滅あるいは縮小をもたらし、結果として職を失うことにつながりうる。もちろん、そのような場合でも転職が容易であれば新しい職を得ることは可能だろうが、職探しにもある程度の時間とコストが必要である上に、ある職場に定着することで実現しうるスキルの獲得（人的資本の蓄積）が難しくなる。これも、様々な職場を経験することで「腕を磨く」ようなことが可能な場合、かつ転職が容易であればあまり問題とならないが、その人的資本がある企業でのみ有用なものである場合（企業特殊的人的資本、Becker, 1964）、そのような人的資本は同じ企業で継続して働く場合にのみ蓄積される。さらにいえば、労働者が同じ企業に定着することで、労働者と企業との間で長期的な利害が共有され、お互いに協力するインセンティブが得られることになる（Axelrod, 1984、高橋、１９９７、32～37頁）。しかし、事業の消滅あるいは解雇の可能性があるのであれば、このような協力関係を築くことは難しい。

また、新規に労働者を採用しようとする場合でも、事業の消滅あるいは解雇の可能性があるのであれば、前述のようなコストや問題を考えて労働者は（とりわけ優秀な労働者は）就職を躊躇するかもしれない。そうであれば、そのような企業は優秀な人材を集めることは難しいだろう。

投資家から見ると、個人事業あるいは少数の人々の共同事業において、その事業を行う人の死や病気により事業継続が困難になる、あるいは事業が縮小する可能性があれば、将来得られるであろう配当についての不確実性は高まる。投資家としてはその分だけ現在得られる配当を大きくしてほしいと考えるだろうが、それは他の利害関係者とのコンフリクトを引き起こすことになり、より経営を困難にする。また、経営者が将来に向けた投資を望んでも、そのような投資には将来の不確実性を考えると賛成しにくい。結果として、将来得られる利益は縮小する。すなわち、事業を行う個人の死や病気の可能性は、投資家にも負の影響をもたらす。

また、消費者に対しても負の影響がある。というのは、事業を行っている個人の死や病気の可能性が高まると、事業消滅の可能性が高まり、消費者と協力的な関係を築くことにより得られるであろう利益が減少するため、消費者を騙そうとするかもしれない（岡田，２０１１，第６章）。そして、そのような可能性を消費者と企業の双方が認識すれば、第３章で述べたように質の高い商品の取引が円滑に行われないことになる。良い評判を形成することは個人事業であっても少人数の共同事業であっても可能だが、継続的な企業のほうが騙すインセンティブが小さくなるという意味において、信用を獲得するには企業が継続的に存在するほうがよい。

以上のように、事業が特定の個人に依存している場合には、その個人の死や病気により事業が消滅あるいは縮小する可能性があり、そのことは関係者に負の影響を与える。これまでの説明を踏まえていえば、そのような事業の消滅や縮小の可能性は死の影の下で労働者の生活・衛生環境の向上や消費者との間でのネットワークの構築、あるいは投資家との共存を難しくするのである。

逆にいえば、死の影の下で、労働者や消費者、株主と関係を構築するためには、事業が継続的に存在する必要がある（高橋、１９９７、32～34頁、66～68頁参照）。そして、事業が継続的に存在するためには、特定の個人への依存から脱却し、事業を組織的に行っていく必要がある。そして、我々が考える企業とはまさにこのような事業を組織的に行う主体なのである。つまり、死の影の下では、企業は個人の死や病気と事業を切り離すという意義を持つ（高橋、２０１６、３１０～３１２頁）。

しかし、このような形で企業が利用されるためには、まず企業というものが個人の寿命より長く存在することが（少なくともそのように信じられることが）必要である。それでは、実際のところ戦前の日本において企業はどの程度の期間存続するものであり、また人々は企業が継続的に存在する可能性をどのように認識していたのだろうか。また、もしこのような問題を考えるのであれば、人々は企業というものをより長く存続させようと（できる限り永続的なものにしようと）するだろう。人々は実際にはどのように企業を永続化させようとしていたのだろうか。

2．戦前の日本企業は永続的なものだったのか？

序章で紹介した福澤桃介の一文に、病気と並んで「会社商店に動揺波瀾があつて、首を斬られたり、職を辞さねばならぬ羽目に到達した暁」（福澤・岡本、１９１７、65頁）という部分がある。ここでは、

「会社商店」が倒産するというようなことは書いていないが、少なくとも事業の縮小等により解雇される可能性は想定されている。ここから、そのような可能性は戦前の日本において無視できないものであったことはうかがえる。

それでは、実際のところ当時の日本企業はどの程度永続的なものだったのだろうか。これを考えるために、まず大企業の「寿命」から見てみることにしよう。

企業の寿命については、『会社の寿命』（日経ビジネス編、１９８４）という有名な本がある。この本では、「会社の寿命」を企業が総資産１００社ランキングに入り続けられる期間と考え、１８９６年から１９８２年までの10回のランキング表を元に「企業が繁栄をきわめ、優良企業入りできる期間は平均二・五回、つまり一期十年として三十年足らず」（９頁）という結論を導き出した。

ただし、この『会社の寿命』の計算方法にはいくつか問題があるため（この問題点については清水、２００１、74〜79頁、高橋、２０１６、17〜24頁を参照）、これを補正して計算してみよう。

まず、基本的に大企業の「寿命」を、日経ビジネス編（１９８４）と同様に企業が総資産１００社ランキングに入り続けられる平均期間と捉えることにしよう。このランキングに入り続けられる平均期間は実は1年にどのぐらいの確率でランキングから脱落していくのか、という年平均脱落率から計算できる（高橋、２０１６、45頁）。例えば、１００社の企業があり、かつ、ここから年平均で５％脱落するとすれば、1年目（寿命が1年）に１００×５％＝5社、2年目（寿命が2年）は脱落しなかった95社のうちの５％で４・７５社（もちろん４・７５社ということはあり得ないが、計算上このようになる）、3年目はさらに残る90・２５社の５％…というようになり、ここから平均寿命を計算すると、20年となる。すなわち、〈1÷年平均脱落率〉が平均寿命となる。

そこで各時点のランキング表から、年平均脱落率を計算し、そこからその期間の「会社の寿命」を計算してみよう。まず、２つの時点における総資産１００社のランキング表を考える。例えば１８９６年と１９１１年としよう。１８９６年のランキング表のうち、１９１１年の段階でたとえば60社がランキング表に入り続け、40社が脱落したとすると、期間全体の脱落率は40÷１００＝０・４になる。１８９６年から１９１１年までは15年間であるので、これを年平均にすると０・４÷15＝２・６７％と言いたいところなのだが、実際には上で見たように、１回ランキングから脱落した企業がその期間中には復活しないとすれば、同じ脱落率でも年ごとの脱落数は減っていく。この点を考えて毎年の平均脱落率を計算しようとすると、毎年の脱落率は

$$1-\sqrt[15]{\frac{60}{100}}$$

という形で計算することになり、上のケースでは３・３５％となる。毎年３・３５％ずつ脱落していくとすると、脱落しないでいられる（生き残り続ける）平均年数は１÷３・３５％となり、この仮想的な例では寿命はおよそ30年程度であることがわかる。

ただし、現実の企業の場合には合併をしたり、あるいは一旦ランキングから脱落しても後で盛り返して復活するということがありうる。[3] そこでこのような企業をカウントした上で、改めて清水（２００１）のデータから年平均脱落率と平均寿命を計算すると以下のようになる。[4]

時期ごとの「会社の寿命」

ランキング期間	年平均脱落率	平均寿命（年）
1896→1911	6.41%	15.6
1911→1919	5.89%	17.0
1919→1929	2.46%	40.7
1929→1940	3.10%	32.2
1940→1955	2.75%	36.4
1955→1965	1.79%	55.9
1965→1972	2.04%	49.0
1972→1982	1.81%	55.3

出所：清水（2001）のデータに基づき著者作成

これを見ると、戦後の1982年までは1940～55年の36・4年を除き50年程度かそれ以上となっているのに対し、特に第一次世界大戦後の好景気である1919年（たびたび出てくるスペイン風邪の時期である）までは大企業の寿命は20年未満であり、人間の寿命と比べても短い。もちろん、ここでいう「寿命」はランキングに入っている期間であるので、人間の寿命とは異なり、寿命が来ればすぐに企業が消滅するわけではない。しかし、ランキング表の入れ替わりの激しさを示しているとはいえるだろう。

ところが、1919年～29年のランキング以降は、「寿命」は30～40年となり、ランキング表が比較的安定してきたことを示している。すなわち、戦後ほどではないにせよ、大企業はある程度永続的な存在になったことを示しているとはいえるだろう。

大企業だけでなく、すべての企業を考えた場合はどうなのだろうか。残念ながら1931年以降のデータしかないが、国税庁のデータ（1931年から1960年代まで）と法務省の登記統計（戦後）のデータを元に、合名会社・

２．戦前の日本企業は永続的なものだったのか？（注：158頁）

会社開廃業率（1931-2009）

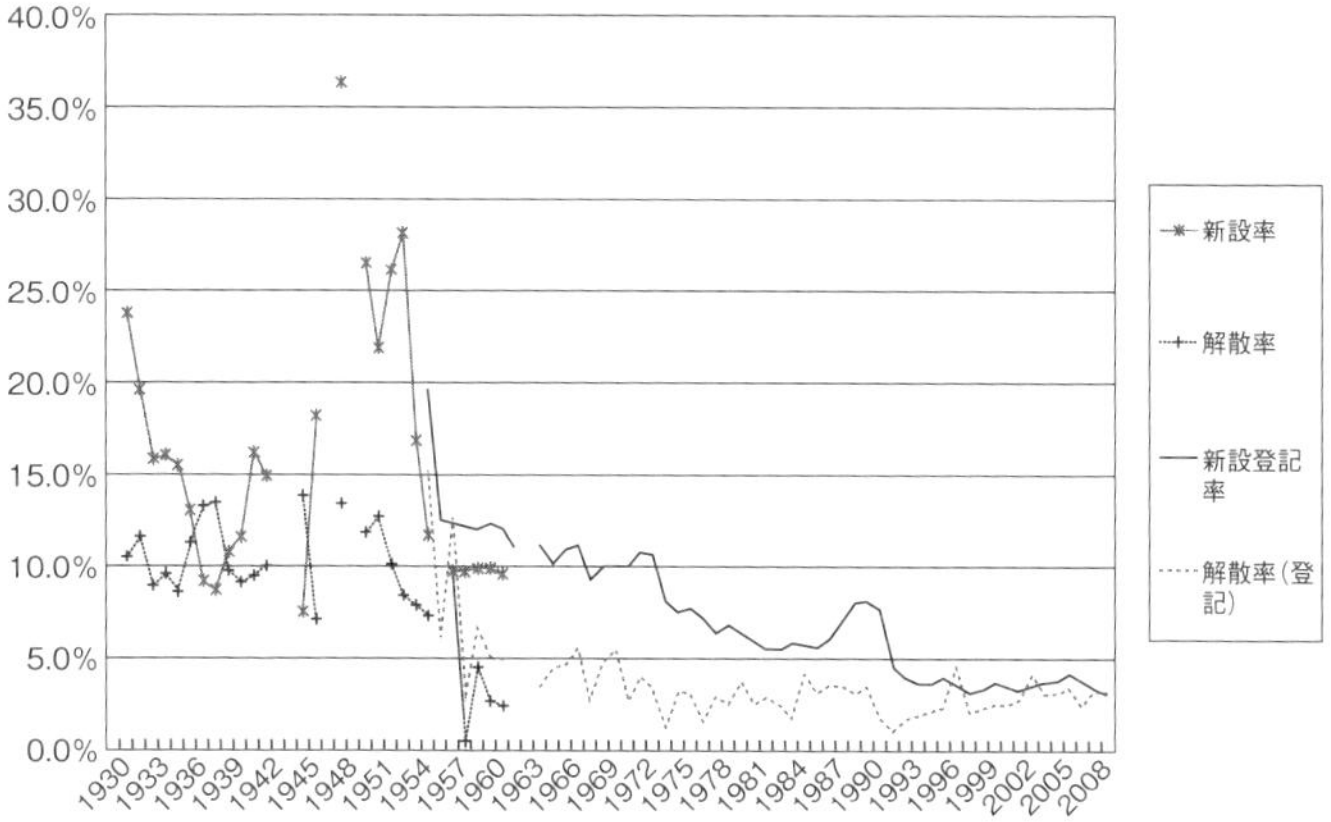

出所：Shimizu（2019）

合資会社等を含む会社の廃業率を見ても、１９３０年以降１９５０年代半ばぐらいまで廃業率は10％程度であったのに対し、それ以降の廃業率は５％以下に低下する（Shimizu, 2019）。１９２０年代の状況は定かではないが、３０年代以降の動きは上の表にある大企業の年平均脱落率および「会社の寿命」の変動と連動していて、５０年代半ばまでは大体同じような値で、その後急速に小さくなる。このことからすれば、一般の企業の寿命も、１９１９年前後、すなわち第一次世界大戦後の好景気の時期を境にして延びたものと予想される。

　そして、人々もまた、１９２０年前後から企業というものを人々の寿命よりは長く存続するものと考えるようになってきたように思われる。例えば、１９１６年の製糖業に関する台湾日日新報の記事では、「唯『進歩させられる丈（だ）け進歩させる』の今日主義では駄目で有る。百年の長計はいざ知らず、少くも二十年或は三十年の長計を立て…（後略）…」という文言が見られる（「台湾糖業全盛期（一）」台湾日日新報1916年3月25日）。この文章からは、ここで取り上げられている台湾の製糖会社は少なくとも20年あるいは30年は存続するものと（この記事の著者が）考えていることがわかる。さらに1920年代に入ると、「国家百年の計」というのと同様に「会社百年の計」という言葉が使われるようになる。例えば、1924年に日本郵船で職制改革をめぐり経営者と陸上社員（船員でない社員）とが対立し、後者の幹部社員が総辞職をした事件（同交会事件）の際に、船員側のコメントに「誠に今回幹部の執つた行動は会社百年の大計上慶賀すべきこと」という一言があり（「郵船陸上社員の総辞職」大阪朝日新聞1924年9月21日）、また1929年に東京瓦斯株式会社が増資を決議し、その後東京市会で否決されたため、商工省に裁定を申請したが、その申請の中にも「一時の金利安に眩惑して借金政策に拠らんとするは会社百年の長計を思はざるものなり」という一文があることから（「東京瓦斯増資の裁定申請理由」中外商業新報1929年7月16日）、1920年代には企業も国家と同様に「百年の計」を考えることができるようになったことがわかる。

このように、企業がある程度継続的な、あるいは永続的な存在となったことで、労働者は倒産について気にせず企業に定着することができるようになった。次章で詳しく見ることになるが、サラリーマンに関する初期の著作の中では倒産はあまり主要な問題とはされておらず、ここからすると1920年代に「サラリーマン」という言葉が使われ始めた頃には、サラリーマンの勤め先である企業（主として大企業）が倒産することはあまり想定されていなかったと思われる。

もっとも、第一次世界大戦後の好景気の時期である1918年の企業合併に関する記事では「最近一ヶ月間の企業箇数は実に百を数ふるに至れり固（もと）より斯る現象は国家の為め誠に慶賀すべきには相遺なきも此勢ひを以て増加しつ、ある大半は殆（ほとん）ど資力微弱にして云ふに足らず百年の計を以て企画されたるは更になく眼前の小利のために急造せしものなるを見ては甚遺憾千萬なり」（「小企業の合併統一：資本家と労働者の調和剤」大阪新報1918年8月27日）と、新しく作られている企業は「資力微弱」、すなわち小さな企業であり、永続的なものではなり得ないだろうことを指摘している。

また、上記の大企業に関する年平均脱落率と廃業率を比較すると、廃業率のほうが3～4倍となる。すなわち、年平均脱落率から計算する大企業の「寿命」と廃業率から計算する寿命を比べれば、前者が3～4倍長い（なお、戦後はこの格差は2倍程度である）。このように考えると、特に戦前期には大企業の永続性に比べて、中小企業については必ずしも永続的でなかったと思われる。

3．企業を永続化する試み――組織的経営と会社形態の利用――

これまで述べてきたことをまとめると、1920年代を境にして、企業、とりわけ大企業は永続的な存在となり、また人々もそのようなものとしてイメージするようになり、結果として労働者も倒産を恐れることなく、企業に定着できるようになった、ということになる。そして、このような企業の永続化は、企業と利害関係者の間で関係を構築し、利害関係者の将来の不確実性を低減させることを可能にする。

ここで、個人事業あるいは少数の人々の共同事業が急速に拡大している局面を考えてみよう。ある程度規模が拡大した状況において、なおこの事業がそれを主導している1人あるいは少数の人々に依存しているとすれば、その事業はその1人あるいは少数の人々の死や病気によって事業消滅あるいは縮小の危機に陥ることになる。ゆえに、このような状況を脱し、企業と利害関係者との間で関係を構築しようとすれば、企業を永続的な存在（そのように見なされる存在）にしていく必要がある。こう考えると、死の影の下で、個人事業や少数の人間の共同事業が拡大していく状況では、企業が特定の個人に依存する状況を脱却し（脱個人化）、企業を永続化させようとする動きが出てくることが予想される。

特定の個人に依存する状況から脱却するには、2つのことを行う必要がある。1つは経営そのものについて、特定の個人が大きな影響力を持つ経営、具体的には特定の個人のみが意思決定を行い、他の人はそれに従って動くというような状況から、組織的な経営、すなわち分業し、お互いに調整しながら意思決定を行っていくような経営に変えることである。しかし、これだけでは十分ではない。というのは仮に経営そのものが組織的に行われていても、例えば事業に使用する資産がある個人により所有されていたり、あるいは契約がその個人と行われていたりする場合には、その個人の死や病気による引退は事業に大きな影響を与えるだろう。これを回避するためには、事業財産を保有し、また契約を行うような主体を別に作り出し（このような主体が法人である）、また事業財産と個人の財産を分離する必要が出てくる（清水，2014：Hansmann and Kraakman, 2000）。後者については、特定の個人が法的に経営に携わる必要をなくすために、経営を他人に制度的に委任できることが好ましい。

例えば、個人事業で特に法人化されていないような状態から、個人で経営するのではなく、管理職となりうる人々を養成し、また組織的に意思決定を行う体制を作ることで、組織の側の脱個人化が行われる。それとともに、法的にすべてその個人が責任を負うような個人事業から法人に変更することで、事業の財産と個人の財産を分離する。ただし、法人化された会社の中でも合名会社や合資会社、あるいは合同会社の場合には個人に依存する部分があるため、このような会社においてはなお個人の死や病気は事業の継続に影響を与える。この意味で、脱個人化のためには株式会社になることが最もやりやすい。

実際にこのような脱個人化を行った事例として、第3章でも登場した主婦之友社（現主婦の友社）の例を見てみよう。なお、以下は前島志保・東京大学教授との共同研究に基づいている（Maeshima and Shimizu, 2019）。

第3章で述べたように、雑誌『主婦之友』は1917年に創刊され、1921年末には販売部数25万5千部に達し、1934年には100万部に達した、当時最もポピュラーな雑誌の1つであった。この雑誌の出版元である「主婦之友社」は1916年に東京家政研究会という名前で設立されたが、当初は創業者である石川武美の個人事業であり、「主婦之友」創刊時の1917年時点では従業員もいなかった（主婦の友社、1967、39～40頁）。

ところが、雑誌の成功により従業員も増えていき、1920年に事務所を引っ越した時点で16名になり、その後も増え続けていた（主婦の友社、1967、79頁）。一方で、経営としては依然として法人形態ではなく石川の個人事業であり、また組織もあまり明確なものではなかった。

もともと、当時の出版社は小規模なものであり、多くは個人事業であった。[5] 経営についても、主人がいて、番頭・小僧がいるという伝統的な商家の形態であり、また従業員教育のやり方も従来の商家と同様、従業員は小さい頃から丁稚（あるいは小僧）として働き始め、ある期間勤めると独立するといった形であった(6)。

このような中で、主婦之友社は1921年頃から組織の整備を始めた。それまでも、編集部、営業部、広告部、代理部（第3章参照）は存在していたが、これに加えて図案部、写真部、文化事業部等に分け、業務の専門化を進めていった。

さらに、関東大震災後の1924年に、それまで石川の個人事業であった主婦之友社は株式会社化する。この時点での資本金額は100万円（現在のおよそ20億円）、払込資本金額(7)は50万円であった（石川、1944、115頁）。この全額が石川個人により出資され、石川が唯一の株主となった。また、株式会社化により取締役、監査役を選任することになったが、株式会社化した時点での取締役・監査役はすべて従業員であった。

第4章で述べたように、戦前の株式会社はその資金のかなりの部分を株主の出資により調達しており、出資者はしばしば取締役の地位を占めていた。1920年代以降株主への依存度は下がったものの、取締役の地位のかなりの部分はなお投資家などの社外取締役によって占められていたのである。このような状況を前提とすると、この主婦之友社の株式会社化の事例は一般的な株式会社の状況とは大きく異なる。

まず、株式会社化の過程において外部からの資金を導入しておらず、このため社外取締役・監査役も存在しなかった(8)。外部からの資金を導入していないということは、そもそもこの株式会社化が資金調達を目的としたものではないことを意味する。さらに、石川は自分の保有株式を従業員に分け与え、

従業員を株主としていた。これにより、従業員は給与に加え株主として配当を得ることができた。(9)
それでは、なぜ石川はこのような株式会社化を行ったのだろうか。石川自身はその理由をこう述べている（石川、1926、36頁）。

「従来私個人の所有にして、私一人の権利のもとにあった主婦之友会社は、全部の資産を株式会社の所有に移管し、社員は総て社の規定に準じて社の株主たることを得るに至つたのであります。勿論一厘一銭たりとも、他より資本を求めたのでもなく、また一人たりとも社員以外の役員を迎へたわけでもありません。…（中略）…即ち主婦之友社は、主婦之友社に働く人々の権利に属するものであるといふことを、事実の上に現したのであります。我々主婦之友社の社員たるものは、その権利を荷ふことは勿論のことであります。かくして義務と権利とが竝（へい）行されるところに将来の発展を期すべきだと信じます。」

石川武美
出所：財団法人石川文化事業財団編
『お茶の水図書館の60年』（2007）より
許可を得て転載

言い換えれば、石川は従業員を株主にすることを通じて、主婦之友社の経営に対する権利と義務を持たせたということになる。とはいえ、これだけを読むと、現在の従業員持株制度のように、企業の業績に連動した報酬を与えることで働くインセンティブを与えているだけのように思われる。
しかし、この制度が単にインセンティブを与えるためのものではないことは、石川の他の言明を読むとわかってくる。まず、石川は主婦之友社の経営が急速に拡大し、１人で経営を担うことが不可能であることを認識していた（例えば石川，１９４４，１５６頁）。と同時に、石川は自分は歳を取れば引退すべきであり、その際には従業員に社長の地位を譲りたいと述べていた。この点を述べた一文を引用してみよう（石川，１９４４，１４３頁）。

「私は一日もはやく、社の仕事から足をあらひたい。いつまでも、私が出しやばるべきでない。新しい時代の仕事は、若いものにかぎる。さて、私に代わるものは誰か。わが子でもない。縁者でもない。わたしの期待は社員だけだ。社員諸君にわたしの後をやってもらひたい。それのできぬときは、明日にもこの事業をやめたい。」

つまり、石川は主婦之友社の経営が継続し、拡大していく中で、石川個人がすべてを取り仕切ることは不可能であること、また将来どこかの時点で引退しなくてはいけないことを認識した上で、経営の責任を従業員に負ってもらおうとしている。このことを踏まえて「義務と権利とが並行されるところに将来の発展を期すべき」という一文を読むと、これが単なるインセンティブの付与ではなく、主婦之友社が石川武美という個人に依存している状況を脱して、組織的な経営に移行するために、そしてそのような経営ができる人材を育成するために、株式会社化を行い、株式を従業員に分け与えたということがわかるだろう。

とりわけ、この時期には編集という仕事が個人の力量に多くを依存するものから、組織的なものに変わってきていた。このことは、『中央公論』の編集主幹を務め、後に中央公論社の経営を引き継いで社長になった嶋中雄作の以下のコメントから明らかだろう（嶋中編、1935、24頁）。

「雑誌編集法とても、瀧田樗陰（引用者注：「中央公論」元編集主幹、1925年死去。名編集長と呼ばれた）時代のやうな独裁主義、英雄主義では行けなくなつた。即ちスターシステムから総合編集への時代的転換が、その間に行なはれて来たのである。従つて多数の編集者を必要とした。」

これは1929年に中央公論社が出版部を増設したことに関連して述べられているものであり、おおよそ1920年代半ばの編集に関する状況を表している。この「独裁主義、英雄主義」は『主婦之友』における石川武美についてもいえることであり、そうであるがゆえに「総合編集への時代的転換」が主婦之友社でも必要だったわけである。こう考えると、上で述べた石川の動きはよく理解できるだろう。『主婦之友』の事業規模の拡大のみが株式会社化をもたらしたわけではなく、編集の組織化という当時の動きもまた、主婦之友社を含む出版社の脱個人化につながったわけである。

これについて石塚（1998）は、1928年頃の「学問産業」の確立に伴って、岩波書店と平凡社という2つの出版社において、個人経営であったこれらの出版社の事業が拡大し、編集者が必要になり、そこから編集の組織化と経営の整備（例えば複式簿記の採用）が進められてきたこと、さらに、このような編集の組織化という動きは先に述べたように中央公論社でも見られたことを指摘している。このうち、平凡社と中央公論社はそれぞれ１９２３年と２６年に株式会社化している（岩波書店は戦後）。ここから、平凡社や中央公論社の株式会社化も主婦之友社と同様に、個人の経営から脱個人化し、従業員による経営に移行しつつある状況への対応であることが示唆される[10]。

以上述べてきたように、死の影の下で企業を永続化させようとする場合には、組織を整備し、特定の個人が意思決定を行う状況を脱却するだけでなく、法的形態を変更し、とりわけ株式会社形態を取ることで、法的にも人々の認識の上でも個人の事業から組織的な事業に変えていった。主婦之友社の事例では、さらに従業員を株主とし、単に人に使われる立場から自分が責任を持って意思決定を行う立場に変えることで、将来の経営を従業員自身に負わせようとしたのである。取締役・監査役が従業員から出ていることもその表れといえるだろう。このような形で、主婦之友社やおそらく他の出版社も、個人経営から組織的な経営への転換を行ったのである。

4.「コロナ後」の企業

以上の話をまとめると、「死の影」の下で、企業と利害関係者が関係を築くためには、まず企業そのものが永続的である（少なくともそのように信じられる）必要がある。そして、実際に１９２０年代ぐらいから、少なくとも大企業についてはある程度永続的な存在として認識されるようになってきた。そして、成長しつつある個人企業や少人数の共同事業は、企業をこのような永続的な存在にするために、経営の脱個人化、すなわち組織的な経営と法的形態の変更（株式会社化）を行っていた。

しかし、冒頭でも触れたように、「コロナ後」の社会においては、その企業の永続性が新型コロナウイルス感染症の下で揺らいでおり、企業と長く関係を維持するという形自体も問われている。そのような中で、ここまで述べてきたことはどのような意味を持つのだろうか。

先に述べたように、死が日常にあるような社会においては、企業が永続的に存在することにより、企業と利害関係者の関係が構築され、利害関係者は不確実性を低減させることができる。もちろん、「コロナ後」の社会で企業の永続性も揺らいでいることは間違いない。しかし、そのように企業の永続性が揺らいでいるから、企業に頼らず個人で生きよう、というのは、企業という盾を外して、いわば生身で将来の不確実性に立ち向かうことに等しい。近年のＩＴの発達により、個人が将来の不確実性に対応する能力が向上したのは間違いない（例えば高木、２０１９、54～56頁）。この意味では、企業をいわば盾として不確実性に対応する必要はないかもしれない。しかし、問題はすべての人々にとって、あるいはすべての状況においてＩＴというものが使いやすい盾であるかという点であり、多くの人々はそうは考えていないだろうと思われる。

実際、これまでも人々は企業というものを将来の安定性をもたらす存在と捉えてきたように思われる。日本生産性本部が２０１８年度まで毎年、新入社員を対象に行っていた意識調査があり（日本生産性本部、２０１８）、この中で「今の会社に一生勤めようと思っている」か「きっかけ、チャンスが有れば転職しても良い」か自分の考えに近いものを選ぶという質問がある。２０１８年度では、この質問に対する答えは「今の会社に一生勤めようと思っている」が50・８％、「きっかけ、チャンスが有れば転職しても良い」は34・４％となっており、今の会社に一生勤めたいとする人が多いのである。

そしてこの数値は、生活の基盤となる安定性をとりあえず確保したいという考えが表れているものと理解できる。というのは、２０１２年の調査であるが、25～34歳のビジネスパーソンを対象にした調査（キャリアデザインセンター・ＣＤＣ総研、２０１２）において、「安定した収入がないと、家庭を持つのは難しいと思いますか」という質問に対し、８割を超える人が肯定的に答えているのである。ここから、企業に継続的に勤め、そこから安定的な収入を得ることを生活の基盤と考えていることがわかるだろう。

すなわち、現在においても将来の不確実性を低減させる（言い換えれば、安定性を供給する）手段として企業は認識されているのである。ＩＴを利用することはもちろん重要だが、すべての人々がＩＴを利用して不確実性を処理できるわけではない。

まして、「コロナ後」の社会では将来の不確実性は増大している。この意味で、「コロナ後」の社会であるからこそ、企業の永続性は大きな意味を持ってくると思われる。

もちろん一方で、企業に依存しすぎることには様々な問題がある。例えば、企業に依存することによって、企業に一方的に従わざるを得ないような立場になるかもしれない。また、企業といわば共倒れになってしまう可能性もある。本章冒頭の日本経済新聞の記事の趣旨も、企業に過度に依存してはならないという意味であれば理解できる。この点は次章で検討してみたい。

しかし、企業に頼るなという言葉の意味が、企業というものを捨てて（ＩＴを利用しながら）生身で不確実性に立ち向かえということであるならば、それは企業がもたらすメリットもすべて捨て、不確実性を受け入れろという主張になりかねない。アメリカのことわざに「お風呂の湯とともに赤子を捨てるな（Don't throw the baby out with the bathwater）」というものがあるが、我々も企業という仕組みを「お風呂の湯」とともに捨ててしまわないようにしなくてはならない。

第6章

企業に閉じ込められないために

さて、前章では企業とその利害関係者とが関係を構築し、お互いにとって利益があるようにするためには、企業そのものが永続的に存在する必要があることを指摘した上で、そのような永続性が1920年代頃以降見られるようになってきたこと、また永続性を獲得することを1つの目的として個人への依存から脱しようとする企業が見られたことを述べた。

しかし、一方でコロナ禍により企業の永続性が揺らいでおり、企業との間で関係を維持することの意義が問い直されている。この意味で、企業との間で関係を維持し続けることの問題点、言い換えれば企業に依存することの問題点を考えなくてはならないだろう。

ここでは、まず利害関係者が企業と関係を維持し続けること（企業に依存すること）にいかなる問題がありうるかを、特に労働者との関係について検討した上で、過去にそのような問題は実際に見られたのかどうかを戦前期のホワイトカラー、いわゆる「サラリーマン」を取り上げて検討していこう。

そして、戦前期の「サラリーマン」の事例を元に、永続化した企業への依存によって起こりうる問題を解消するためにはどのようにすればよいかを考えていこう。

1．永続的な企業との関係

前章で述べたように、永続的な存在になった企業と関係を構築することは利害関係者に対して正の影響をもたらす。この点はすでに前章で説明したが、労働者との関係でいえば、企業が永続的な存在になることで、まず労働者が職を失う可能性が下がり、人的資本の蓄積も進みやすくなる。また、協力関係も形成され、生活・衛生環境の改善等も行われやすくなる。優秀な労働者も雇いやすいだろう。投資家にとっても、将来の不確実性が下がることで投資がしやすくなり、経営者にも協力しやすくなる。消費者にとっても、継続的に存在するほうが騙される危険性は小さい。

そして、企業が永続的な存在になるためには、特定の個人に対する依存を脱し、組織的に経営が行われるようになる必要がある。前章で見た主婦之友社はこのようなケースと考えられるわけだが、この結果として、企業と労働者の関係そのものも若干変質する。

企業側が個人に依存しないということは、「特定の個人」すなわちオーナーや共同事業のパートナーに依存しないだけでなく、特定の労働者にも依存しないことになる。前章で述べた「スターシステムから総合編集への時代的転換」（嶋中編、1935、24頁）が特定の編集者への依存を低下させたように、組織的な経営は1人の労働者への依存を弱め、その労働者を解雇することにより企業に発生するコストを低下させる[1]。一方で、労働者の側から見れば、企業が組織的な経営を行い、永続化すると、企業に居続けることによる将来の不確実性は低下する。企業を自分から辞めて他の職に就こうとしてもそこには不確実性があり、必ず良い職が得られるとは限らない。不確実性を考慮に入れた場合には、組織的な経営とそれに基づく関係の長期化は、個人の企業に対する依存を高めることになる。

この結果、もともと生産手段を所有することにより相対的に有利な立場にあるとされる企業側は、組織的経営が導入され、その存在が永続化することで、より有利な立場を手にすることになる[(2)]。すなわち、労働者は自発的退職というオプションを取りづらくなると同時に、企業が労働者に対してより大きなパワーを持つようになる（*e.g.*, Pfeffer and Salancik, 1978）。

ここまでは特に病気による死や退職の影響を考えずに述べてきた。それでは、このような影響、すなわち死の影の影響を考えた場合にはどうなるだろうか。労働者の病気による死や退職により将来得られるはずの利益が得られなくなるという影響そのものは、企業にも労働者にも同じく存在する。ただし、不確実性に対する反応が異なる場合、すなわち、企業に比べ労働者がより将来の不確実性を回避しようとする場合には[(3)]、病気による死や退職の可能性は、労働者の企業に対する依存をより高めることになるだろう[(4)]。

それでは、このような企業への依存および企業からのパワーの行使はどのような結果をもたらしたのだろうか。また、企業からのパワーの行使に労働者が対抗する方法はあるのだろうか。このようなことを、戦前のホワイトカラー労働者を例として考えながら論じていくことにしよう。ここでホワイトカラー労働者を取り上げるのは、ブルーカラー労働者であれば団結することにより企業のパワーに対抗できるのに対して、相対的に団結が難しい労働者、すなわち管理側に属する人員を含むホワイトカラー労働者については団結という手法が使いにくく、企業への依存関係と企業からのパワーの行使についてより観察がしやすいためである。

2.「学卒」ホワイトカラーの進出

第4章でも述べたように、明治期の企業においては、取締役の地位はしばしば投資家や創業者によって占められる一方で、それらの人々とは関係がない、大学等の高等教育機関を卒業した経営者たちが経営を行っていた。ここからわかるように、高等教育機関を出たホワイトカラー労働者たちは明治期からすでに経営に参加している。森川（1981）はこの点について、まず「テクノロジーを必要とする株式会社では、いくつかの財閥と同様、まず『学卒』技術者を採用し、やや遅れて事務系社員にまで『学卒』採用を広げるというのが一般的パターン」であることを指摘した上で、「この一般的パターンが定着するまでにはかなり時間を要し、大体において明治二十年ごろまで待たなければなりませんでした」（42頁）と指摘している。

明治20（1887）年代といえば、旧東京大学（東京開成学校と東京医学校が合併して1877年に設立）と工部大学校（工部省が設立した技術者養成機関、1873年工学寮として開校）が合併して帝国大学が設立されたのが1886年であり、また1887年には東京商業学校が改編されて高等商業学校になり（後の東京高等商業学校、東京商科大学、現在の一橋大学）、1890年には慶應義塾が大学部を創設するなど、高等教育が拡大しつつある時期であった。さらに明治30（1897）年

東京帝国大学（1900年頃）
出所：国立国会図書館デジタルコレクション『日本之名勝』

に京都帝国大学が開設されて以降、高等教育機関は増加していき、産業界に人材を供給することになる。

ただし、少なくとも1900年代、おそらく1910年代ぐらいまでは、ホワイトカラー労働者は流動的であり、しばしば転職していた。また、とりわけ高等教育機関卒業者は転職においても有利な立場にあったと思われる。

まず、高等教育機関卒業生の状況から見ていこう。帝国大学[5]の工科大学・工学部[6]出身の工学士について見れば、中央省庁から民間部門への天下りのみならず、民間部門からの流入もしばしば見られる（植村、2017）[7]。

一方で、事務系について見ると、20世紀初頭までは、例えば慶應義塾出身者が三井銀行から他企業に移動していく、といったような現象が見られた。粕谷（2006）による三井銀行行員のキャリア分析を見ると、1900年代、あるいは1910年代前半ぐらいまで慶應義塾や東京帝国大学の卒業者である行員は流動的であるのに対し、それ以降は長期雇用に転換しているように見える。

また、東京帝国大学法科大学を卒業した学生について経歴を分析した北垣（2004）は、1897（明治30）年卒業生については官僚から民間企業に転じた事例があまりないものの、1907（明治40）年卒業生については一旦官僚になった後に天下りで民間企業に転じた者が多く、また逆に民間企業から官僚に転じた者もいることを指摘している。先の三井銀行の分析と異なるように見えるが、1897年の卒業生についてはいわゆる官尊民卑の傾向のためそもそも天下りが少なかったものと見られ、一方1907年卒業生については官僚から民間企業に動くことができ、民間企業もこれを歓迎したことを示唆する。以上から、1900年代あるいは1910年ぐらいまでについていえば、技術系・事務系とも高等教育機関卒業者はしばしば流動的であったように思われる。なお、高等教育機関卒業者ではない中層・下層ホワイトカラーについても、同様に流動性が高かったことが指摘されている（菅山、2011、89～90頁）。以上のことからすれば、ホワイトカラーの流動性の高さは単に高等教育機関卒業者に限らず一般的な現象であったことがわかる。

就職については、東京帝国大学法科大学を1907年に卒業した川田順[8]は、自分の就職について以下のように述べている（川田、1990、7頁）。

「法律経済の書はめったに読まないで、歌ばかり作っていたなまけ者だったけれども、試験勉強のし方だけはきわめて上手なので、優等の成績で卒業した。当時は「学士」の値打が相当のものだったので、私ぐらいの成績だと、官界でも実業界でも歓迎してくれたが、私は、穂積陳重先生に紹介していただいて、大阪の住友に入社した。」

このように、帝国大学卒の法学士は就職においても優遇されていたことがわかる。(9) 彼らの転職についても、以上のような就職の状況や、すでに述べたような中央省庁と民間企業との間の人材の移動からは、帝国大学卒の法学士の肩書があればある程度自由に転職でき、また中央省庁からの天下りも民間企業に歓迎されたことを示唆する。先の川田順が、1921年に辞職覚悟で鈴木馬左也（当時の住友の総理事）に直談判しにいった際の記述も興味深い（川田、1990、15頁）。

「負けたらばただちに首を取られる。そうすると明日から糊口にも困る。住友をやめても百日ばかり食える用意が肝要だ」

すなわち、「百日ばかり」職探しをすれば職が見つかると予想していたのである。川田は当時すでに住友で一定の地位（経理課長）にあったこと、またすでに歌人としても知られていた（実際、この直談判の際には文壇での仕事を当てにしていた）というのもあるだろうが、この一文は川田のような立場であれば転職についてもそれほど心配する必要がなかったことを示唆している。以上のことからすれば、おそらく1910年代までは、帝国大学等の高等教育機関卒業者は、転職についても比較的転職先を選ぶことができたものと予想される[10]。

言い換えれば、この当時のホワイトカラー労働者はしばしば転職をしていた（転職をすることができた）という意味で企業に依存していたわけではなく、高等教育機関卒業者に関してはむしろ企業より有利な立場にあった。

ホワイトカラー労働者が企業に依存していなかった理由は、まず当時のホワイトカラー労働者（とりわけ高等教育を受けたホワイトカラー労働者）が希少であったこと、一方で企業は数としても規模としても拡大していたことがあるだろうが、それと同時にこの時期にはまだ大企業といえども不安定であり、永続的な存在とは見なせなかったこともあるだろう。永続的な存在ではない以上、そこに依存することにはリスクがあり、転職を視野に入れておかなければいけなかったわけである。当時の法学士の官庁志向も、その背景には企業の不安定性という事情があったものと思われる。

3．悩める「サラリーマン」たち

しかし、このような状況は1910年代後半、とりわけ第一次世界大戦後の好景気の時期以降変化していく。

この時期から徐々に現れてきたのが、ホワイトカラー労働者を指す言葉としての「サラリーマン」（あるいはサラリマン、サラリーメン）である。この言葉が一般に使われるようになったのは1920年代半ば以降のことであった（Kinmonth, 1981, pp.289-290 邦訳264～265頁）。鈴木（2019、9

～10頁）によれば、サラリーマンという言葉が東京朝日新聞の見出しに最初に現れたのが１９２５年であり、またサラリーマンに関する初期の著作としてベストセラーとなった『サラリマン物語』（前田、１９２８）が刊行された時点ではサラリーマンという言葉は、まだ一般的に使われる言葉とはなっていなかったとされる。すなわち、サラリーマンという言葉は１９２０年代半ば以降、すなわち昭和に入って以降一般化する言葉だと捉えておけばよいだろう。

すでに述べたように、１９１０年代まで、まだサラリーマンという言葉のなかったホワイトカラー労働者たちの雇用は流動的であり、しばしば転職していた。また、とりわけ高等教育機関卒業者たちは企業を選べる立場にあった。

ところが、第一次世界大戦後の好景気を経て、サラリーマンと呼ばれるようなホワイトカラー労働者層が拡大してくる。しばしば引用される１９２０年の国勢調査によれば、職業を有する人々[11]に占める「職員」（業主の下で事務または技術に従事する人を指す）の割合を見ると、全国で有職業者２６、６２６、２２４人の中で職員は１、５１４、５１１人（５・７％）（内閣統計局編、１９２９a、41頁）、東京市だけで見ると有職業者９００、１９０人に対して職員１７９、８９０人（20・０％）となる（内閣統計局編、１９２９b、84頁）。一方で、１９０８年の東京市市勢調査の結果から、有業者（無職者、家事使用人を含まない）を見ると、合計で６９２、８４４人、そのうち「役員」は４２、６８２人（６・２％）となる（東京市役所、１９１１、3頁、１０５５頁、１０６３頁）[12]。ここでいう役員は官公吏、銀行・会社の頭取・社長等の他に「銀行会社ノ部、課、係長、工場店舗ノ支配人番頭等」となっているため（島田、１９０８、39頁、42～43頁）、おそらく前記の職員より若干範囲が狭いものと思われるが、定義の差を考えたとしても、やはりホワイトカラーは拡大しているものと思われる。これはもちろん経済規模の拡大と企業数の増加、そして教育の普及によるものだが、このためにホワイトカラー労働者の希少性は失われていった。

さらに、第一次世界大戦後の好景気が終わり、不況となった1920年以降、1923年の関東大震災、1927年の昭和金融恐慌、1929年の世界大恐慌と続き、1920年代は継続的に不況であった。このため、高等教育機関卒業生であっても就職が難しくなっていった（北垣、2004参照）。1927年に東京帝国大学経済学部を卒業して官営八幡製鉄所に就職した稲山嘉寛[13]は「方々の入社試験を受けたけれども、全部落ちてしまった」（稲山、1986、2頁）後、「経済学部若干名採用」としていた商工省の最終試験にただ1人通ったものの、採用の連絡が来ず、「若干名採用」なのに1人も採用しないのはおかしいと抗議してようやく採用された（3頁）。

こうなってくると、当然ながら転職も難しくなってくる。菅山（1989）は日立製作所日立工場の1920～30年代の従業員の離職率を検討する中で、ホワイトカラー層（職員）の離職について、1920年代半ば以降に入社した職員は「圧倒的多数が長期勤続＝企業への定着化の行動をとった」ことを指摘している。また、同工場で1930、31年に大量解雇がなされた際には職員の解雇も行われたが、その際には学卒者（実業学校卒以上）の職員とその他の労働者からの登用者で解雇率が異なり、学卒者の解雇率が格段に低かったことも指摘している。学卒の職員を採用し、そのような職員をできるだけ解雇しない代わりに、職員の側でも転職をせず、企業に定着するといういわゆる日本型の長期雇用の原型をここに見て取ることができる。

また、渡邊（2018）は、1955年以降に実施された『社会階層と社会移動』調査（SSM調査）のデータを元に、戦前にさかのぼって転職率等を分析しているが、その結果を見る限り、戦前のほうが転職率が戦後より高いということはなく（むしろ、20歳代以下男性については戦前のほうが転職率が低い）、とりわけ大企業について見ると、20歳代以下男性の転職率は1920年代に急速に低下し、その後35年前後から上昇することがわかる。30歳代男性の動きも近いことから、この傾向は大企業に比較的に共通していると思われる。この分析はブルーカラーとホワイトカラーを区別していないが、別の分析から、上層ホワイトカラーの転職傾向は他の職業カテゴリーより低いことが示されており、ゆえに1920年代にはホワイトカラー（高等教育機関卒業者を含む）労働者の転職率は低かったものと想像される[14]。

このような企業への定着は、労働者の企業への依存とこれに基づく企業のパワーの増大をもたらした。

ホワイトカラー労働者の企業への依存は、吉田（1926）によって描かれている。吉田（1926）によれば、サラリーマンは「境遇そのものが或る麻酔に洗礼せられてゆく仕組」であり、その麻酔とは「俸給を原料とせる『恩恵』薬であり、」また「服務規律を原料とせる『献身の強要』薬である」とする（10～11頁）。すなわち、応募者多数の中から自分を採用してもらい、給料により生活を保障されていることを一種の恩恵と感じることになった結果、「恩恵の麻酔剤をかゞさるれば、之を払ひ除けん勇気がなく、どうかすれば有難く受けねばならぬ事情が実際の状態」（15頁）となる。すなわち、サラリーマンは企業からの給料に依存しており、そうであるがゆえに企業のパワーを受け入れざるを得ないことが伝わってくる。また、そのような依存関係は、解雇の恐怖をもたらし、その結果として献身的な努力が求められることになる。「若し献身的努力をすることは、強要薬ではなく普通薬であると心得て、之を軽視し服用するならば、忽ちそこには失職の不安病を併発するであらう」（18頁）。依存関係により企業のパワーが発生していることがよくわかる。(15)

また、星野（1937）のアンケート調査の結果も興味深い。これは当時のサラリーマン510人の回答結果とされるが、そのうち241人（48・1％）がサラリーマンの最大の恐怖を「馘首《かくしゅ》」だとしているのである。「生活の安定は何時「馘首」に脅かされるかも知れず従つて「卑屈」に陥り易い。実に馘首は大部分のサラリーマンの最大の恐怖である。」（星野、1937）という指摘は先の吉田の指摘とも重なる。

すなわち、1910年代前半以前のホワイトカラー労働者とは異なり、1920年代の労働者は転職をせず（できず）、企業との長期的関係を保ちながら、企業に依存し、企業のパワーの下で生きていく人々となってしまっていた。

一方で、人々の意識の上ではこの時期においてもホワイトカラー労働者、特に高等教育機関の卒業生はエリートであった。先の稲山嘉寛も次のように述べている（稲山、1986、3頁）。

「当時、赴任した八幡の町では、私は大学出の高文を通った、将来を約束されたエリート官僚だったから、若造にもかかわらず大変なもてようだった。八幡ばかりでなく、東京でも、大正一〇年当時、私が仙台二高の白線の帽子をかぶって銀座を歩いていたら、女性がついてきたほどである。」

すなわち、稲山本人も周りの人々も彼のことを将来を嘱望されたエリートであると認識していたことがわかる。

また、転職も完全に不可能だったわけではない。北垣（２００４）は、１９１６年の東京帝国大学法学部卒業生の卒業後10年以内の転職が、一般企業就職者の3分の1以上を占めることを指摘した上で、その理由として恐慌の影響[16]とともに、「就職競争の激化によって希望とは異なる会社に入社し、その後不満が募り他社へと移っていく」パターンがあることを指摘している。すでに述べたように日立製作所日立工場で転職率が下がるのはこの後、20年代後半であるが（菅山、１９８９）、20年代前半ぐらいまでは東京帝大卒の法学士にとっては転職も可能であった。

このような過去の状況は、１９２０年代後半以降のサラリーマンたちにも影響していたように思われる。すなわち、意識の上では彼らはなおエリートであり（あるいはそうあろうとし）、ブルーカラー労働者からは自分たちを区別しようとしていた。鈴木（２０１９）は、生活が苦しくても洋服を買い、社会が求めるエリートとしてのサラリーマン「らしさ」を追求するこの当時のサラリーマンたちの姿を描写し、すでに裕福な階層でないにもかかわらず、「一定の教育を受けた層という自負が、彼らの意識をして下層との接近を拒ませる」と指摘する（72頁）。かつてのエリートとしてのサラリーマンの姿に囚われながらも、実際には企業に依存し、企業のパワーの下で生きるしかなくなってきているわけである。高橋亀吉（１９２９）の「我がサラリーマン階級の多くは、依然、昔のまゝの夢を追ひつゝあるのではないか。」（３１０頁）という指摘、あるいは「サラリーマン層における〈夢の喪失〉である」という渋谷（１９８７）の指摘も同様の形で理解できる。

この結果、サラリーマンたちは無気力に陥り、閉塞感に囚われることになる。再び鈴木（２０１９）の表現を借りれば、サラリーマンは「自己保身の一心で会社組織に従属し、日本社会の軍国主義化を感受しつつも、失職の恐怖から何ら行動を起こさなかった『順応的で受け身』な存在」（99頁）となってしまう。企業への依存が、順応的で受け身な人々を作り出したわけである。

もちろん、依存関係を淡々と受け入れる人々だけだったわけではない。ある人々は、サラリーマン同士で連帯し、さらにはブルーカラー労働者と連帯することによって企業への依存関係から脱しようとしていた。しかし、自らをブルーカラー労働者と区別しようとしていたサラリーマンたちは、自らをブルーカラー労働者と同様の意味での労働者と見なすことも、またブルーカラー労働者と連帯することもできず（高橋正樹、２００１）、サラリーマンの組合運動は衰退してしまう。

その結果、サラリーマンは「従順と忠実との勤務をすべきように仕組まれ、これより無気力を発酵せしめてゐる」（吉田、１９２６、19頁）ようになってしまったのである。サラリーマンが時代の主役としていわば復活するのは、戦後の高度成長期のことになる。

4．再論：「コロナ後」の労働者と企業の関係

これまで述べてきたように、１９１０年代半ばぐらいまでのホワイトカラー労働者の雇用は流動的であり、必ずしも企業と長期的な関係を持っているわけでもなく、企業に依存してもいなかった。とりわけ、高等教育機関卒業者（いわゆる「学卒」）のホワイトカラーは企業に対しても有利な立場に

あり、自分が働く企業を選ぶことができたと思われる。

しかし、1910年代後半から20年代に入ると、ホワイトカラー労働者の増加と長引く不況、そして一方で企業の永続化により、ホワイトカラー労働者は転職が難しくなり、実際に転職しなくなる。言い換えれば、企業に依存し、そのパワーを受け入れるようになる。結果としてサラリーマンたちは無気力な、受動的な人々となった。ブルーカラー労働者との連帯も試みられたが、結果としてはうまくいかず、企業への依存を脱することはできなかった。結果としてサラリーマンたちは閉塞感に囚われてしまう（鈴木、2019、127頁、130～134頁）。端的にいえば、サラリーマンは企業に閉じ込められてしまったということになろう。

企業経営が組織的となり、企業が永続化し、企業と労働者の関係が長期化することによってもたらされる結果が企業への依存と無気力、従順さ、そして閉塞感だとするならば、労働者にとって組織に依存しない生き方を模索することは重要になる。現在でもしばしば「会社の奴隷」さらには「社畜」というような言葉がネットに登場するのは、このような問題点を戯画化した形で表現しているといえるかもしれない。

それでは、このような状況に対応し、企業への依存を回避するためには、言い換えれば、労働者が企業に閉じ込められないようにするためには、どのようにすればよいのだろうか。

戦前のサラリーマンたちが実行しようとしたもののうまくいかなかったのが、労働組合の結成と労働者の連帯である。労働組合を結成することで、企業に対抗するパワーを手に入れることができるわけであるが、サラリーマンたちが自らをブルーカラーと共通のものと見なすことができなったこともあり、ネットワークが広がらず失敗に終わった。このホワイトカラー労働者とブルーカラー労働者の連帯については、戦後の「従業員組合」化と身分制度の撤廃によって達成される（菅山、2011、190~199頁、高橋正樹、2001）が、労働組合の組織率が低下し、労働組合運動が力を失っている現状では、このようなネットワークの拡大を従来の労働組合に求めることは難しいかもしれない。しかし、例えば従来の企業別労働組合とは異なる、個人加盟の労働組合（東京管理職ユニオンのような管理職層を主たる対象とするものから、首都圏青年ユニオンのような若い労働者を対象とするものまで様々であるが）のような形で様々な労働者と連帯することで、企業のパワーに対抗し、「閉じ込められない」ことを達成することはできるだろう。

もう1つ、「サラリーマン」が生まれる前のホワイトカラーたちが行っていたのは、他の企業でも評価されるような能力を保有することによって、転職できるようにしておくことである。1910年代半ばまでのホワイトカラー労働者にとっては、それは学歴であり、あるいは自分で蓄えた汎用的な人的資本であった（菅山、2011、79~88頁）。学歴、とりわけ高等教育機関の卒業歴もまた、高等教育機関で学んだ新知識は企業経営に役に立つと企業が考えていたという意味で汎用的な人的資本と見なせるかもしれない[17]。そして、そのような汎用的な人的資本（学歴を含む）は彼らの転職の可能性を高め、企業への依存の程度を引き下げる。これに対して1920年代以降のサラリーマンたちは転職が難しく、企業に依存せざるを得なかったわけである。

労働者が汎用的な人的資本を蓄積することで企業から独立した地位を獲得しようという意見は現在でも珍しいものではない。例えば「エンプロイアビリティ」という言葉でいわれている内容の中には、職を得る可能性を高めるものとしての汎用的な人的資本の蓄積が含まれており、また労働者としての「市場価値」に言及する論説も多い。これらの議論はややもすると労働者の市場価値向上の努力のみに言及し、企業の労働者に対するパワーの問題を無視する議論になりかねないため注意が必要だが、少なくとも汎用的な人的資本が転職の可能性を高め、企業への依存を弱めることを示唆している。

ただし、汎用的な人的資本を蓄積することが、直ちに「転職をすべき」という議論には結びつかないことには注意が必要である。汎用的な人的資本の蓄積はあくまで転職の可能性を高めるものであって、実際に転職するかどうかはその時の状況による。企業への依存を弱め、企業に閉じ込められないようにするために重要なのは転職「できる」ことであって、転職「する」ことではない。転職できる可能性があれば、いざとなれば企業を辞めることができる。そして、辞めても生きていけることがわかっていれば、企業に対してより強い立場で交渉することもできる。すなわち、転職「できる」だけの人的資本を持っていれば、実際に辞めなくても企業の中には閉じ込められていないのである。

実際、先に述べた川田順は東京帝国大学を卒業してすぐに住友に就職し、住友の経営者としては最上位である総理事になる直前まで勤め、その後は実業界に戻ることなく歌人として活動した。また、しばしば言及している武藤山治は若い頃には新聞社や商社に勤め、その後三井銀行に入行してすぐに三井傘下の鐘淵紡績に移る、といった形で転職を経験しているが、鐘紡入社後は株式買い占め事件で2年間の中断があったものの、1894年から1930年まで鐘紡におり、その間支配人、専務取締役、社長と昇進して引退、政界に転じている。晩年には時事新報社に勤めたものの、その実業界でのキャリアはほぼ鐘紡で積まれている。しかし、先に述べた川田の鈴木馬左也との直談判の例が示すように、彼らは自分たちが転職できると思っており、であるがゆえに自分の信念に従って行動することができた。

冒頭で述べたように労働者が永続的な企業と安定的な関係を築くことは双方にとってメリットがある。労働者にとっては将来の不確実性を低下させ、また企業特殊的人的資本の蓄積も可能になる。さらに、企業との協力的な関係も築くことができる。しかし、その中で労働者が企業に依存してしまうと、企業のパワーの行使を受け入れざるを得なくなり、企業に閉じ込められてしまう。そうであるがゆえに、関係を築きつつ、労働者が「いざとなれば」転職できる可能性があることが重要になってくる。

このように考えてくると、現代でも労働者の転職可能性を高めるような制度的な手当が重要である。積み立てた年金を動かすことができるポータビリティはそのわかりやすい例だが、それ以外でも職業訓練プログラムの充実等も考えられる。

なお、労働者を自由に動けるようにするのであれば、対応して企業も自由に解雇できるようにする、すなわち解雇権濫用法理の適用の緩和などを考える人もいるかもしれないが、これはおそらく適当ではない。というのは、先に述べたように組織的な経営の導入に伴い、労働者が企業に依存するという意味で企業の側がすでにパワーを持っている。また、いくら転職可能性を高めても、解雇された場合に次の職を探すコストや将来の不確実性の増大を考えると、完全に自由に転職できるという状況にはならない。このように企業に偏っているパワーの不均衡を是正するのが従業員の移動可能性であり、この状況で解雇権濫用法理の適用を緩和することは、企業により大きなパワーを与え、新たなパワーの不均衡を生じさせる。結果的に、企業に閉じ込められる人をかえって増やしてしまうだろう。

永続的な企業と安定的な関係を維持することで、企業も労働者もそのような関係から利益を得ることができる。しかし、そのことが労働者の個の抑圧につながらないように、労働者が閉じ込められないための手段が必要である。戦前のサラリーマンたちはそのような手段を持つことができなかったために、企業に閉じ込められ、閉塞した状況に生きることになってしまったのではないだろうか。このような手段を持ちながら、企業とうまく共存することが、「死の影」の下にある社会において生き延びる1つの方法ではないかと思われる。

終章 「コロナ後」の経営

これまで、死が身近にある状況における経営について、戦前の日本企業を例として考えてきた。本章ではこれまでの内容を簡単に振り返った上で、改めて「コロナ後」の社会―死や病気が身近になった社会―における経営のあり方について考えてみよう。

序章では、戦前の日本社会において死が身近なものであったことを示した上で、「コロナ後」の社会は、死の可能性による将来の不確実性が増大するという意味で戦前の日本社会に近いことを述べ、ゆえに戦前の日本社会を観察することで、「コロナ後」の社会における人々の意識や行動、そして企業経営への影響が理解できるようになることを指摘した。また、死が身近な社会における人々の行動として、死や病気のような将来の不確実性に備えて支出を減らし貯金をしようとする人々と、自己の満足のためにお金を使いきってしまう人々の2種類に分かれることを指摘した。

続く第1章では、戦前の労務管理を取り上げ、死が身近にある(「死の影」の下にある)社会における労務管理の方向性として、(A)労働者の生活・衛生環境に積極的に投資することで、労働者を

(注：160-161頁)

定着させ、人的資本の蓄積を促して生産性の向上を図る方向と、（B）労働者に投資をせず、「使い捨て」にする方向の2つがあることを述べた上で、戦前の労務管理について（B）から（A）に移り変わってきたことを指摘し、ここから「コロナ後」の社会において労働者の生活・衛生環境を改善することの重要性を述べた。第2章では、戦前と比べ死が遠のいた社会である1950年代以降の日本社会において労務管理がいかに変化したかを検討し、死が遠のいたことによって労働者に対する投資は積極的になされるようになる一方で、その内容が生活・衛生環境の向上から教育環境の向上、およびプライドの回復のための企業スポーツへの投資に変化していったことを述べ、生活・衛生環境の改善以外にも、教育機会の拡大やプライド・尊厳への配慮が重要になることを指摘した。

第3章では消費者との関係を取り上げ、まず「死の影」の下にある消費者にとっては騙されるリスクを回避することが重要であると指摘した上で、そのような消費者の不安感や不信感を乗り越える仕組みとして百貨店、出版社の通信販売、消費組合、小売市場があることを述べ、それらに共通して見られる要素として、評判とネットワークがあることを述べた。この上で、「コロナ後」の社会においても評判とネットワークを形成することが重要であるとした。

第4章では、株主との関係に注目し、死に直面する中で株主がしばしば近視眼的になること、またそのような株主が実際に企業経営に影響を及ぼしていたことを示した上で、そのような状況への対応として、株主を経営に引き込み、株主との利害対立を調整して株主と共存するという方法があることを鐘淵紡績等の例により確認し、「コロナ後」の社会において株主を引き込み、いわば経営のファンにしていくことの重要性を指摘した。

第5章では、個々の利害関係者から離れて、利害関係者との関係の基盤となる企業について検討した。まず、「死の影」の下では、利害関係者との関係を構築し、お互いにとって利益があるようにするために、企業が永続的に存在する必要があることを述べた上で、このような永続性が1920年代以降形成されてきたこと、またそのような永続性を確保するために、企業が特定の個人への依存から脱しようとする（脱個人化）場合があることを述べた。そして、将来の不確実性が増大する「コロナ後」の社会においても、将来の不確実性を低減させる手段としての企業が有用であることを述べた。

最後に第6章では、永続的な企業と利害関係者との関係が双方にとって利益をもたらす一方で、しばしば利害関係者側の企業への依存をもたらし、利害関係者の閉塞感や無気力につながってしまうことを戦前の「サラリーマン」たちを例としながら指摘した上で、このような依存への対応として、労働者の団結とともに労働者の移動可能性の確保が必要となることを指摘した。

以上整理したように、すでにこれまでの章で「コロナ後」の経営について触れているが、ここで改めて戦前の経営を踏まえて、「コロナ後」の社会における経営、あるいは企業と利害関係者の関係についてどのようなことがいえるのかを考えてみよう。

序章で述べたとおり、「コロナ後」の社会は、死の可能性がもたらす将来の不確実性を人々が認識するようになったという意味で戦前の社会と共通している。人々は新型コロナウイルス感染症に感染する危険を日々意識し、またその中で自分が、あるいは自分の周りの誰かが亡くなる可能性を考えるようになっている。また、そうでなくても例えば自分が入院することで、これまでの生活が続けられなくなるというような可能性を認識するようになっている。そして、このような将来の不確実性を、戦前の人々は強く認識していた。序章で示した福澤桃介の一文はこれを示しているものであるが、次の樋口一葉が日記に記した一文も同様のことを示している（明治23（1890）、樋口（1976）14頁）。

「世の中の事程しれ難き物はあらじかし　必らずなど頼めたる事も大方は違ひぬさえひたぶるに違ふかとすれば又さもなかりけり　いかにしていかにかせまし」

そして、これまでの章での検討からわかることは、戦前の人々は、このような将来の不確実性に対して、企業との関係を築くことで対応してきたということである。ここで関係を構築する、と表現しているのは、単に1回限りのスポット的な取引関係やお互いについてよく知らないという関係ではなく、お互いについて（例えばその置かれた状況や希望することについて）情報を持ち、またお互いに情報を交換・共有し、その関係が一定期間継続することを前提としているような状況を想定している[1]。このような関係が複数の利害関係者に構築されると、そこではコミュニティ化が発生するように思われる[2]。

例えば、労働者の立場からすれば、自分たちを使い捨てにしようとする企業ではなく、その労働者福祉に投資をするような企業に定着することによって、生活・衛生環境の向上が見込める。また労働者が定着しようとすることで、企業は生活・衛生環境やそれ以外の労働者福祉への投資が見合うものとなり、一層投資のインセンティブが高まる。また、労働者が定着し、企業側も長期的な関係を想定するようになれば、お互いの理解が深まり、協力関係も構築できるようになり、さらには企業特殊的な人的資本も蓄積できるようになる。このような協力関係や企業特殊的人的資本への投資により、例えば死や病気の場合であっても生活の保護がなされるかもしれない。そうでなくても、企業と関係を構築することで、死や病気以外の理由による失職や賃金の下落などのリスクを避けることができる。すなわち、企業との関係を構築することで、企業は生活・衛生環境の改善や死・病気の場合の生活保護という形で死の可能性に直接的に対応するようになり、また死や病気によるもの以外の理由による将来の不確実性を低下させることができる。

また、消費者の立場からすれば、企業との間で継続的な関係を築くことで、第3章で取り上げた「騙される」リスクをある程度回避することができる。もちろん、第3章で述べたように企業の評判を確認することでそのようなリスクをある程度回避できるが、それだけでなく企業との間で継続的な関係を築くことで、企業の側でも消費者の要望を理解することができ、また消費者も企業に対して自分のニーズを伝えることができる（第3章の百貨店の外商や「主婦之友」社の代理部の例を参照）。また、消費組合のように消費者が企業にコミットすることで、企業の商品に関して詳しく知ることができるようになる。このような形で、企業との間で関係を築くことで騙されるリスクを最小化することができる。

さらに、株主の立場からしても、結局専門経営者に経営を委ねざるを得ないという状況を前提とすれば、企業を率いる専門経営者との間で継続的な関係を持つことで、お互いに何を望んでいるかを共有し、協力関係を築くことができる。すなわち、専門経営者の経営方針に対して一定の支持を与えることで、専門経営者の側からの協力、例えば配当の増加などを引き出すことができる。この結果、株主は自分の望むリターンをある程度得られるようになる。

すなわち、企業との間で関係を構築することで、人々は死の可能性に対して直接的に（労働者の生活・衛生環境の改善、死や病気の場合の生活保護）、あるいは間接的に（企業と労働者との長期的な雇用関係の構築、消費者の「騙される」可能性の低下、株主へのリターンの維持・向上）に対応することができるようになる。

ここでは個人の死や病気を考えたが、実際には新型コロナウイルス感染症がもたらす将来の不確実性はこれにとどまらない。新型コロナウイルス感染症については、いわゆるロックダウンや外出自粛の要請により、労働者にとっては働けなくなり、収入が減る可能性がある。(3) しかし、先にも述べたようにそのような場合でも企業との関係に基づき一定の収入を確保することができる。また、消費者としては、新型コロナウイルス感染症への対応のために自分の望むような財・サービスの供給が受けられなくなる可能性がある。その一方で、このような状況を踏まえて特に継続的関係のある顧客向けのサービスや特典を充実させる企業も多く見られ、この意味で企業との継続的関係が将来の不確実性による不利益を補っている。投資家としての株主について見れば、新型コロナウイルス感染症の拡大でどのような事業においても不確実性が高まっている中で、企業と情報共有をする機会が多いような株主であれば、事業の先行きの見通しも付きやすいだろう。

逆にいえば、企業との関係を持たずに新型コロナウイルス感染症の拡大による不確実性に立ち向かうのは簡単ではない。この点はすでに第5章で指摘したが、ITの発展により個人が企業を利用せずに不確実性に対応する可能性は高まっているとしても、すべての人がITを利用して不確実性に対処

（注：160-161頁）

できるわけではない。実際に人々は不確実性に対応する手段として（安定性を供給する手段として）企業を利用し続けているのである。また、企業との関係を持たない消費者も、新型コロナウイルス感染症の拡大により通常の店舗等が利用しにくくなる中で、例えば新しいネット上の販売業者との取引で「騙される」リスクにさらされており[4]、株主は投資先の見極めが難しくなっている。このような状況では、仮にＩＴの発達により取引コストが低下している状況であっても、企業というものをいわば利用して不確実性に対応するほうがよい場合も多いように思われる（なお高橋伸夫、２０１６、３０７頁、３１２～３１６頁）。

ただし、このような形で企業を利用して死の可能性に対応するためには、まず関係の基盤としての企業そのものが、安定的にあるいは永続的に存在している必要がある。すなわち、関係を構築する対象である企業そのものが不安定であれば、関係は脆弱なものとなり、人々と企業との関係に新たな不確実性をもたらすことになる。企業が倒産しそうだというのであれば、労働者は職を失う、あるいは賃金が減少する可能性がある。消費者も、倒産しそうな企業が倒産前に消費者を騙してお金を集めようとすることを心配しなくてはならない。株主も、企業の倒産の可能性が高まれば利益の分配がより大きな問題となり、経営者との協力が難しくなる。そしてもちろん、倒産すれば株式は全くの無価値となる。

このような状況を回避するためには、企業が永続的に存在する（少なくともそのような可能性が高い）と関係する人々が認識する必要がある。

通常、生まれたばかりの組織は人間と同様に「死にやすい」―消滅しやすいと考えられている

(Stinchcombe, 1965, Freeman, Carroll and Hannan, 1983)[5]。このような状況から脱し、永続性を高めようとするならば、企業が創業者やオーナーといった特定の個人への依存から脱すること（脱個人化）、すなわちこれらの人々が自ら経営する状況から組織的な経営へと移行し、かつ法的にそのような人々と企業とを分離することが必要となる。

ここで注意してほしい点は、企業の永続性とはあくまで利害関係者との間で共存するための基盤であり、企業の永続性そのものが目的ではない点である。後で述べる、企業の生き残りのための解雇という問題にもかかわるが、企業の永続性とはあくまで手段であり、それ自体が目的ではない。

さて、このような永続性を持つ企業との間で継続的な関係を築くことにより、人々は死の可能性がもたらす（あるいはそれ以外の）将来の不確実性に対応できるようになる。しかし、このような関係は同時に人々、特に労働者の企業への依存関係をもたらし、この結果として労働者が企業に従属するような状況をもたらすことになる。

新型コロナウイルス感染症の拡大、とりわけリモートワークの拡大により、企業で働くことがしばしば非合理的でありうる（典型的には印鑑を捺すためだけに出社すること）ことがわかってきた。このような事態を回避しようとすれば、人々が企業に依存し、そのパワーを受け入れる状況から、企業が非合理的なことをしたら人々が企業との関係から離脱できるような状況へと転換する必要がある。

この点はすでに第6章で論じたが、労働者が企業に従属するような状況を避けるためには、労働者同士の連帯（ネットワーク化）と、労働者が移動可能性を確保することの2つがありうる。労働者の連帯は産業革命期から（あるいはそれ以前から）行われているが、現代では他の企業や他の業種の労働者との連帯の可能性を探ることも可能になっている。また、労働者が移動できるようにすること、すなわち企業特殊的な人的資本だけでなく、より汎用的な人的資本を蓄積することが重要になる（第6章でも述べたが、労働者が移動「できる」ことが重要なのであって、実際に移動する必要があるわけではない）。

このような移動可能性は、企業がその合理性を保持するためにも重要である。というのは、労働者が非合理的な命令であっても従わざるを得ないのであれば、命令を発する上司はその命令が十分に合理的であるかどうかを考えることがなく命令を発してしまう。もし非合理的な命令であれば従わない、あるいは組織を辞めてしまうという可能性があるのであれば(6)、上司はそのような命令が部下が受け入れられる程度には合理的であるかどうかを考えた上でその命令を発するだろう。言い換えれば、命令が基本的に受容されてしまうことは、組織にとって合理的でない命令であっても受容されてしまう可能性があることを意味し、組織の合理性の維持にはむしろマイナスなのである。この意味でも、個人が企業に対抗できるようにすること、すなわち連帯の機会を与え、また企業から離脱できるような可能性を与えることは重要なのである。

なお、消費者や株主は労働者に比べ移動可能性が高いことから、すなわち消費者については自分が購買するものを変えることができ、また株主も株式を売却することができること、また株主については法律上も経営者に対するパワーを保有していることから、このような依存の問題は労働者ほどには重要ではない。しかし、消費者であってもその企業の財・サービスに依存している場合、あるいは株主でも自由に売却ができず、かつ少数株主でパワーが弱い場合等では同様の問題は生じうる。

以上をまとめると、「コロナ後」の社会に対応するための方法として、①企業と利害関係者の関係の構築、②①の前提となる企業の永続性の向上、③利害関係者が企業に対して弱いパワーしか持たない場合には、パワー関係をバランスさせるような手段を講じること、の3点があることがわかる。

このような見方は、一方で「コロナ後」の社会において組織への依存を低めるべきであるという意見（「組織頼みから個の時代へ」日本経済新聞2020年9月11日朝刊1面等）とは近い見方であると同時に、現代を脱組織化の時代とする見方とは若干異なるものである。といっても、すでに述べたようにITの進歩によって個人が企業を利用せずに不確実性に対応できる可能性が高まっていることは間違いない（高木、2019、54～55頁）。しかし、先に述べたように「コロナ後」の社会の特徴を死の可能性やその他の要因による将来の不確実性の増大と捉えるのであれば、将来の不確実性を低減するための手段として企業を利用しないのは合理的ではない。組織的に経営される企業は、人々が協力して不確実性に立ち向かうための仕組みであり、その意味で人々を幸福にするための仕組みなのである。

なお、リモートワークの拡大により企業で働くことの意味が問い直されているが、労働者にとっては企業で働くことで将来の不確実性を回避することができ、また分業と協業により生産性を向上させることができることが重要な点である。言い換えれば、分業と協業ができ、将来の不確実性を低下させることができるのであれば、働く場所はどこであってもかまわない。要は分業とその中での協業（組織的な意思決定の調整）が可能であることと、企業が雇用を提供し、急に解雇したり、賃金を切り下げたりしないことが重要なのである。リモートワークがそのまま脱組織を意味するわけではないことには改めて注意が必要だろう。

この点を企業側から見ると、企業にとっても利害関係者と関係を構築することには意味があることを前提として、労働者あるいは他の利害関係者と協力し、将来の不確実性を低減できるようにすることが求められる。具体的にいえば、労働者に対しては生活・衛生環境を改善し、その尊厳を保護し、教育機会を提供するとともに、可能な限り雇用を継続し、賃金を切り下げるようなことはしないこと、消費者に対しては積極的にコミュニケーションを取り、関係を維持するとともに、財・サービスの提供を継続すること、株主に対しても可能な限り情報を提供し、コミュニケーションを継続することが重要となってくる。

もちろん、企業の生き残りを考えて、やむを得ない場合に賃金を切り下げる、あるいは解雇をするという選択肢を考えておく必要はあるだろう。企業が存在しなければより多くの利害関係者が困る可能性があるため、企業がその生き残りを考えること自体は間違ってはいないが、企業そのものは利害関係者の幸福のために存在するものであり、企業のために利害関係者を切り捨てるのは本末転倒である。また、例えば株主のために労働者を切り捨てるのも不確実性の低減という意味では好ましくない。この点について、コーポレートガバナンスの著名な研究者であるコリン・メイヤーがその著書『ファーム・コミットメント』の日本語版序文で端的に述べている（メイヤー、２０１４、iii頁。なおMayer, 2013, ch.2も参照）。

「短期的な利益に対して、長期的な繁栄が強調される点が株式会社の重要な特徴であり…（中略）…株式会社は投資家に利益をもたらすと同時に労働者に対しても保険や保障を提供すべきなのである。」

もっとも、何度か触れているように、企業が保障を提供することと、企業が労働者を囲い込むことは異なる。労働者は企業にしばしば依存してしまうために、企業は彼らを容易に囲い込めてしまうが、企業がなすべきなのは保障を提供し、お互いに利益のある関係を作り上げることなのである。

企業が労働者やその他の利害関係者を囲い込むのではなく、利害関係者に訴えかけて関係を構築しようとするのであれば、企業はその目的や存在意義を提示し、それを社会に訴えることで「ファン」を作り、ネットワークを広げていく必要がある。そこでは、単に株主価値というのではない、企業が存在する意義や目的が問われることになるだろう。しかし、それを提示することで、企業が人々の将来の不確実性を低減し、人々に幸福をもたらす存在になりうる（Mayer, 2013, ch.10）。

「コロナ後」の社会を生きるのは簡単ではない。そこには様々な不確実性が存在するだろう。そうであるからこそ、企業というものと関係を構築しながら、他の利害関係者とともにその不確実性に立ち向かう必要があるのだと思う。

【注釈】

序章 「死」が身近にある社会

（1） 以下、観念としての死の可能性を強調したい場合に「死」という表現を用いる。「死の影」についても同様である。

（2） ここでは、「コロナ後」という言葉を新型コロナウイルス感染症が完全に収まった後という意味ではなく、その第1波が過ぎ、新型コロナウイルス感染症に感染するリスクとともに生きる状況を指している。すなわち、ここでは「コロナ後」と「ウィズコロナ」をほぼ同じ意味で用いている。

（3） これは、橘川（２００６）が提唱する応用経営史の1つの試みといえるかもしれない。応用経営史に関しては橘川（２０１６）、宮田（２００８）も参照。

（4） この点は、例えばヨーロッパ経営史学会が主催したエッセイコンテスト〝History Lessons for Managers Coping With Impact of COVID-19〟の入選論文においてスペイン風邪がしばしば取り上げられていることにも現れている。同コンテストの入選論文は http://www.historylessonscovid.org/で閲覧可能である。

（5） 例えば「スペイン風邪、猛威の記録　１００年前の記事で新型コロナと比べてみた」西日本新聞　２０２０年３月22日 https://www.nishinippon.co.jp/item/n/590625/。スペイン風邪の日本社会に対する影響については、例えば速水（２００６）。

（6） なお、死者数について速水（２００６）は45万人超と推計している（２３６～２４０頁）。

（7） 札幌医科大学医学部附属フロンティア医学研究所ゲノム医科学部門「人口あたりの新型コロナウイルス死者数の推移【世界・国別】」https://web.sapmed.ac.jp/canmol/coronavirus/death.html. このグラフについてはIdogawa *et al.*（2020）参照。

（8） ２０２０年４月15日に厚生労働省の専門家チームのメンバーであった北海道大学の西浦博教授が「対策がなければ40万人が亡くなる」という試算の結果を発表し（例えば「対策ないと死者40万人　北大教授試算」読売新聞２０２０年４月16日朝刊28頁）、日本社会に衝撃を与えたが、このスペイン風邪の死者数を見るとありうる数字であることが理解できる。

（9） 『官報』昭和14年12月21日掲載。

（10） 男女で差があるのは、１９３５年時点では男女の死亡率がほぼ同じであるのに対して、２０１７年時点では女性の死亡率のほうが少ないことによる。

（11） ０歳時における死亡率を比較すると男女とも約56倍となり、この間乳幼児死亡率が大きく改善されたある。

ことを示している。
(12) 戦前期から１９６０年代まで在宅死が一般的であったこと、またそのことが人々に死を意識させていたことについては新村（２００１、18～19頁、26頁、88頁、98頁）参照。
(13) 初版は１９４６年から４８年。
(14) 大和和紀の漫画『はいからさんが通る』には、ヒロイン紅緒の友人環がこの歌を歌っているシーンが出てくる（大和、２０１７、１４５～１４６頁）。なお、ここでは「大正九年ごろ流行」という説明がつけられているが、これは浅草オペラでこの頃に『ゴンドラの唄』が歌われ、流行したことを踏まえていると思われる（相沢、２０１２、61～62頁）。近年では、２０１９年に日本で公開されたドイツ映画"Kirschblüten & Dämonen"の邦題が「命みじかし、恋せよ乙女」となっているのが注目される。
(15) なお、松井須磨子はその不倫相手であった島村抱月がスペイン風邪で亡くなった後、後追い自殺をしている。この２人の死もまた、命の短さを示しているといえるのかもしれない。
(16) これ以外に、主人公がこの歌をカフェーで歌うシーンもある。相沢（２０１２、２２０～２２２頁）参照。
(17) なお、紀田（２００５）が引用する『キング』（１９３１年新年号）の付録『明治大正昭和大絵巻』の中の「成金時代」にも同様にお札（ここでは十円札）に火を付ける絵が出てくるので、当時の人々にはよく知られた話であった可能性がある。
(18) 重症化が稀であるとされる若年層について見ても、日本で10代以下の死者は見られないが20代の死者は出ており、他国では10代以下の死者も出ている。
(19) 入院した事例における入院期間の中央値は15日とされる（厚生労働省、２０２０）が、重症・重体者の場合にはこれより長く、福井県の事例では入院したすべての事例の平均が21・0日、重症・重体者については死者を除いて39・5日となっている（「福井県コロナ入院ゼロ平均21日入院」福井新聞２０２０年6月16日）。
(20) もちろん、投資家の中には法人であるいわゆる機関投資家が含まれるが、戦前の特にスペイン風邪の時期前後においては株式所有は個人が主であった。１９２０年代以降、株主における法人所有の割合は増加したが、機関投資家よりも財閥のようなものがより多くを占めていた（志村、１９６９、４０６～４２２頁）。

第1章 「死」と労務管理

(1) 人間の寿命と人的資本への投資を扱ったモデルとしては例えばBen-Porath（1967）があり、そこでは人間の寿命が延びることで、人的資本への投資が促進され、結果として経済成長が促されるとされる。ここでは寿命が延びることで人的資本への投資の利益率が増加することが想定されているが、逆にいえば寿命が短くなれば人的資本への投資の利益率が減少し、投資は減少することになる。ただし、これは個人が自分の教育に投資するモデルであり、ここで想定している企業の衛生・生活環境への投資とは異なる。Ben-Porathモデルについては例えば安井（2012）参照。

（2） 生活・衛生環境への投資が、企業で働き続けることの価値を高め、定着を促すだけでなく、企業と労働者が長期的な関係を持つだろうとお互いに予測することで、お互いに対して協力的になるという側面もある（Axelrod, 1984）。生活・衛生環境への投資も、このような意味で協力の1つと見なされうる。

（3） ただし、例えば『愛媛県史』によれば、1916年の工場法施行以降も一向に改善がなされず、「南予の各工場寄宿舎を見ても、一畳に二人ぐらいの割合で詰め込んでいるのが実情」（愛媛県史編さん委員会編、1988、388頁）とされており、後でも触れるように女工の待遇には工場によって大きな差があったと思われる。また、上記『女工哀史』（細井、1925）でも、「表面だけ二十六畳部屋に定員二十二人として置きその実三十三人まで入れてゐる」（188頁）という記述もある。

（4） ただしこの食事時間や休憩時間は実際には時間どおりには取れなかった（農商務省商工局、1903、20頁）。

（5） ここでは繊維業などの女性労働者について、当時の用法に従い「女工」という言葉を使用する。

（6） 工場法立法のための諮問委員会である第二回生産調査会において、岡實・工務局長は女工の勤続年数が短期であることが粗製乱造をもたらしているため、女工の勤続年数の長期化を図り、熟練を形成する必要があることを述べている。千本（2008）参照。

（7） なお、日本における紡績業を中心とした企業の福利厚生の展開については、例えば榎（2017）、福本（2013）参照。

（8） 病気・負傷者に対する治療費の支給、給料の半額または全額支給、死亡者遺族への扶助、妊婦に対する手当の支給などを行った。間（1978、316～317頁）参照。

（9） 衛生環境の改善という意味では、このような施策は一定の成果を挙げていたようである。東洋紡績神崎工場の寄宿係を務めた田中和子の回想（田中、1987b）によれば、田中が寄宿係を務めていた1937年から6年間の間に神崎工場では結核による死亡者はいなかった。ただし、これは春・秋の健康診断により結核の疑いがある場合には帰郷させたことによる部分もあると思われる。

(10) 1923年に可決された改正工場法の施行は関東大震災のため延期されていたが、国際的な圧力により1926年に施行された。ただし、深夜業廃止に関しては3年間の適用延期があったため、その適用は1929年になった。谷敷(2015、110~113頁)参照。

(11) 明治以降、すでに述べたように労働時間は11時間あるいは11時間半労働(拘束12時間)であったが、1926年の改正工場法施行により女性および若年労働者について就業時間が11時間までとされたため、労働時間は10時間(拘束11時間)となっていた。協調会編(1929、46頁)参照。

(12) このため、通常の女学校ではなく、裁縫などの科目を中心に教授する実科女学校として設立、あるいは再編するところも多かった。間(1978、376頁)。

(13) ただし、Hunter(2003, pp.99-100 邦訳103~104頁)も指摘するように、一方で同じ会社である程度継続的に働く人々(特に通勤の労働者)もいた。

(14) なお、勤続年数が長いことが技能向上をもたらすと考えられていたこと、また平均的な勤続期間が長いことは良いことだと捉えられていたことは、戦後の女性繊維労働者の生活綴方運動(労働者が自ら感じたことを自分の言葉で述べる運動)による文章をまとめた『明日のある娘ら』(繊維労働組合生活綴方編集委員会編、1954)からうかがうことができる。

(15) もちろん、このような考え方はPorter and Kramer(2011)の共通価値の創造(Creating Shared Value:CSV)の考え方にオーバーラップする。ただし、Porter and Kramer(2011)はよりイノベーティブな側面—社会問題を解決する新しい事業の創造等—を考えているのに対し、ここで述べているのはより基礎的な取組み—従業員の安全・衛生環境を改善すること—が結果的に経営にとってプラスの価値を生み出すのではないか、という点である。CSRやCSVというと身構える経営者もいるかもしれないが、もっと基礎的なところから始めてもよいのではないだろうか。

(16) なお、このような意見に対して、そのような対策はコストがかかり、厳しい競争の中では企業がつぶれてしまうという意見がしばしば言われる。実は、同様の意見は1916年の工場法導入の前に、女工の深夜労働廃止に関連して紡績業の経営者の間で見られたが、前記の『綿絲紡績職工事情』(農商務省商工局、1903)では深夜業の経営上の効率性についても細かく分析し、以下のように結論づけている(61頁)。「…思ふに徹夜業を廃止して機械の整調を保ち職工の勤続訓練を経（へ）はたとひ急劇（急激）に製品の改良を見難しとするも久しからずしてその結果の顕はるへきや疑を容れす是を以て徹夜業の廃止に依りたとひ一ヶ年の産額を減ずるとも当業者は固定資本に対し従前と同一の純益を収め得るの見込みなきに非ざるなり」。すなわち，深夜業を廃止しても同様の利益率を維持できる可能性があることを指摘している。そして，様々な事情はあるが，1929年の改正工場法により女性の深夜労働が禁止をされても紡績企業は大きな影響を受けなかった。経営者の側の「つぶれてしまう」恐怖感は理解できるが，恐怖感と冷静な計算は区別されるべきであろう。

第2章　労務管理の変化と「東洋の魔女」の誕生

（1）協調会編（1929）に掲載された調査結果によれば，労働者の74％が女性で，女性労働者の中の72％，全体の53％が寄宿舎に住んでいる（44～45頁）。

（2）辻（2015，71頁）が紹介している，長野県下伊那郡龍江村龍江小学校の1950年度卒業生の例では，男子の卒業者61人のうち進学者は26人，女子の卒業者48人のうち進学者はわずか9人であり，特に女子は20％に満たない。

（3）例えば辻（2015，89～90頁）。ただし，送金しなくて済む，あるいは少額で済む労働者もいたようである。井上（2012，146頁）。

（4）戦前と戦後の女性労働者の違いについては辻（2015，167～173頁）を参照。

（5）なお，50頁の引用の中で「ある人は高等学校に，ある人は洋裁に和裁にと行く」とあることからもわかるとおり，当時の女性労働者は必ずしも高校に行くことのみを重視していたわけではない。実際，1950年代には洋裁・和裁学校の人気は非常に高く，「このごろの若い女性はたいてい洋裁学校の門をくぐっているといっても過言ではないと言える」とまでいわれている（毎日新聞1952年10月22日朝刊4面）。戦後の洋裁学校の発展については齊藤（2016）参照。

（6）もともと，「東洋の魔女」は1961年のヨーロッパ遠征で22連勝した日紡貝塚チームにレニングラードの新聞がつけたあだ名であった。大松（1963，187～188頁）。

（7）キャプテンだった河西昌枝は巨摩高校卒で足利工場のチームに入り，その後貝塚に異動。またレギュラーメンバーの1人であった半田百合子は栃木女子高校から東京工場のチームに入り，貝塚に異動した。大松博文ほか貝塚メンバー（1963，14～15頁，138頁，160頁）。

(8) さらに、繊維産業の女子労働者に付随していた、結核等の病気を持つというイメージが、「東洋の魔女」によって健康的なイメージに置き換えられたことも、差別的な視線の解消に寄与したかもしれない。この点は前島志保・東京大学教授の示唆による。

第3章 「死の影」の下での消費者—三越・主婦の友・生協はなぜ誕生したか—

(1) このレモンは果物のレモンではなく、アメリカの俗語でちゃんと動かない機械のことであり、特にこの場合は不良品の中古自動車を指している。

(2) ただし、三越以前に「勧工場(かんこうば)」と呼ばれる、同じ建物の中に経営者が異なる売店が並ぶ施設が百貨店の前身とされることもある。初田(1993、第1章)参照。

(3) 三井呉服店はすでに1895年にはこの陳列販売を導入していた。高柳(1996)参照。

(4) 1909年に銀座で開店したデパートメントストア。この天下堂デパートメントストアについては泉(2016)参照。

(5) なお、コロナ禍の中で、百貨店が自主休業を決めた際に経済産業省が「デパ地下」が都心部での食品供給を担っているとして批判し(「「なんて勝手」」国が百貨店を非難　デパ地下休業で板挟み」朝日新聞デジタル版2020年4月10日)、ネット上で議論が起こっていたが、この論争の起源はこんなところにある。

(6) 創刊時は東京家政研究会、1921年に主婦之友社に改称。現在は主婦の友社。

(7) 共立商社、共立商店、そして後で見る共働店はいずれもco-operative storeを元にした言葉である。日生協創立50周年記念歴史編纂委員会編(2002、上、32頁)。

(8) このような食料品と薪炭類は当時の都市住民の支出の半分以上を占めていたとされる。廣田ほか(2017、135頁)。

(9) ネットワークとは、長期的関係に基づく協力関係の形成(Axelrod. 1984)や情報の伝達と考えることができる。「騙す」ことに関するこれらのメカニズムの機能については、神戸(2004、第9・10章)がわかりやすい。

(10) ただし、帝大教授であった吉野作造やベストセラー作家であった賀川豊彦の名前は利用しているといえるかもしれない。

(11) 実際、新型コロナウイルス感染症の感染拡大の時期に、マスク等のインターネット上の詐欺的な商法について警告がなされたのは記憶に新しい。例えば「ネット通販、マスク届かないトラブル続発　アマゾンでも」朝日新聞デジタル版2020年5月2日。

(12) もちろん、定価販売以外の様々な手法、例えばネット上のオークションや会員向けの割引販売等は利用されているが、表示価格で決済されるのが原則と考えてよいだろう。

第4章 企業と株主の関係—短期志向にいかに対応するのか—

(1) すでに序章で述べたように、戦前期においては機関投資家の役割は限定的であると考えることから、ここでは投資家である個人を検討の対象としている。

(2) この部分は後掲の『株式会社亡国論』(高橋亀吉、1930)に紹介されている(280頁)。

(3) 株主を残余利益請求権者とするモデルでは、株主以外の利害関係者に対する分配は契約で決まっているものとする。もしそうであれば分配をめぐる争いは起こらないことになる。しかし、伊藤秀史が指摘するように、実際には他の利害関係者のリターンも必ずしも確定しているわけではない。伊藤(1999)参照。

(4) 合名・合資会社等を含む会社の総数は45、275社であった。国税庁(1982)参照。

(5) なお、このような短期志向の投資家の中には、本来長期志向であるはずの投資により生計を立てている投資家も含まれる。例えば業績が下がってきて配当が減少した結果、生活の質が保てなくなるということが起こりうるためである。

(6) 谷崎潤一郎の『細雪』(谷崎、1983、71頁)の中の「大概の大商店が株式組織になった今日では、「番頭さん」が「常務さん」に昇格して羽織前掛の代りに背広を着、船場言葉の代わりに標準語を操るようになったけれども…(後略)…」という一節は、当時の人々が常務あるいは専務という言葉にいわばお店を預かる責任者(この意味で番頭と共通している)というイメージを持っていたことを示している。

(7) なお、このような「経営を担当する取締役」に経営を担当する法的な権限を与え、逆に「監視を担当する取締役」に経営を担当する権限を与えないように発達したのが代表取締役という制度であった。清水・松中(2020)。

(8) 2019年時点で、日本における全上場企業の株式の保有比率(時価ベース)を見ると、個人が16・5%、外国法人(その中に多くの海外の機関投資家が含まれる)等が29・6%、信託銀行21・7%、生命保険会社3・2%等となっている(東京証券取引所ほか、2020)。個人の保有に比べ、いわゆる機関投資家の保有比率が大きくなっていることが推察される。

第5章 「死の影」の下での企業

（1） 初版は1776年。

（2） なお、戦前には工場法施行令による規制等を除き解雇に関する規制がなく、民法の解雇自由の原則が適用されていた。濱口（2007）。

（3） これらの問題に対する処理については、清水（2001、74～79頁）参照。

（4） なお、後のランキングとの期間が短すぎるため、1936年のランキング表はここでは使用していない。

（5） もっとも、出版社が株式会社あるいは合名会社・合資会社になること自体はすでに明治時代から見られた。例えば教科書会社であった金港堂は、すでに旧商法施行前の1891年に株式会社になっている。当時の教科書会社は安定的な販売が見込まれるため、規模も大きかったようである。ただし、金港堂の事例においては株主はすべてオーナー一族であり、実際には個人事業のままであったようである。稲岡（2019、214～218頁、227頁、230頁）。

（6） このような状況は、岩波書店に小僧として入社した小林勇（後に岩波茂雄の娘と結婚し、岩波書店会長となる）による岩波茂雄の伝記（小林、1963）に描かれている。

（7） 当時は資本金のすべてを設立時に払い込む必要はなく、株式の額面の4分の1以上で発起人が定めた額を払い込めばよかった。まだ払い込まれていない部分については、取締役が額を決めて催告することにより払込みの義務が生じる。実際に払い込まれた額の合計が払込資本金額である。田中（1939、400頁、462～464頁）参照。

（8） 後に石川の妻かつが取締役に、石川の恩人である元内務官僚の久保三郎が従業員になった後監査役に就任したが、これも内部者といえる。

（9） ただし、株主は「現業」の従業員に限ると述べていることから、退職時には株式を石川に返却または売却していたようである（石川、1944、138～140頁）。

（10） ただし、平凡社の株式会社化は編集の組織化や経営の近代化よりも早く、当初の株式会社化の動機が必ずしも前述のような脱個人化ではない可能性があるが、脱個人化のプロセスの中で株式会社という形態が有用であった可能性はなお指摘できるだろう。

第6章 企業に閉じ込められないために

（1） ただし、一方で関係が長期化し、その結果として企業特殊的人的資本を蓄積している場合には、そのような企業特殊的人的資本を形成するには時間がかかるため、企業にとっての解雇のコストが高くなることには注意してほしい。

（2）ここで想定されているのは、企業と労働者の間で退出というオプションがある繰り返しゲーム、とりわけ「囚人のジレンマ」のようなゲームが繰り返される状況、すなわち自発的継続囚人のジレンマのような状況である。自発的継続囚人のジレンマについては例えば奥野・グレーヴァ・鈴木（２００７）を参照。ただし、ここでは奥野・グレーヴァ・鈴木（２００７）が主たる考察対象としている信頼構築ではなく、効率的賃金仮説的な想定、すなわち組織的経営により外部に存在するオプションとの相対的な価値が変化するという想定を置いている。効率的賃金仮説については、例えばShapiro and Stiglitz (1984)、Okuno-Fujiwara（1987）を参照。

（3）例えば、「暗黙の契約理論」(*e.g.*, Azariadis, 1975) では、企業がリスク中立的、労働者がリスク回避的であることを仮定している。すなわち、不確実性に対しては労働者のほうがより回避しようとする性向が強いことが想定されている。

（4）また、これ以外に企業に就職したばかりの頃には生産性より低い賃金を受け取り、経験が長くなると生産性以上の賃金をもらうという、日本企業でしばしば指摘されるような賃金パターンがある場合には、生産性と賃金との差の累積が「人質」となり、企業からの退出が難しくなる。この結果、企業側がより大きなパワーを持つようになる可能性がある。

（5）１８８６年に設立された東京帝国大学（帝国大学から改称）をはじめとして、内地に京都、東北、九州、北海道、大阪、名古屋の７校、外地に京城、台北の２校が設立された。

（6）１９１９年まで、帝国大学の学部に相当する部門は法科大学、工科大学というように「大学」と呼ばれており、現在の学部長に相当する地位は「学長」と呼ばれていた。

（7）１９００年代までは民間部門と中央省庁との間では相互に人が移動しているが、１９１０年代に入ると民間部門への天下りが増える一方、民間部門からの流入は減少する。ただし、１９２０年代には天下りが減り、民間部門からの流入が増えて１９００年代と同じレベルになる。植村（２０１７）参照。

（8）東京帝国大学法科大学を卒業し住友本店に入社。後に住友合資会社常務理事。歌人としても知られる。

（9）もっとも、この時期からすでに帝国大学卒であっても就職できない人間が一定数いたことは指摘しておくべきだろう（竹内、２００５、96～１０３頁；Kinmonth, 1981, pp.224-227 邦訳２０４～２０６頁）。とはいえ、その状況は１９２０年代以降の状況とは全く異なっているように思われる。

（10）サラリーマンに関する初期の著作の１つとして知られる青野季吉『サラリーマン恐怖時代』（青野、

1930）でも、「これは『選ばれたサラリーマン』のことであるが」と限定をしつつも、「各企業家が多かれ少かれ対立して競争してゐた時期には、その企業家の間に、有能な、最良の技術的頭脳労働者を手に入れようとする競争が行はれてゐた。その結果後者には、待遇がよく、報酬の厚いところならば、何処へでも行く、行けるといふ一種の『移転の自由』があつたのである。」（147～148頁）と過去を描写している。

(11) ここで「職業を有する」とは、本業として何らかの職に従事する人（本業者）を意味しており、不労所得者等や住み込みの家事使用人を含まない。

(12) 有業者の総数より、無職業者および所属不明の家事使用人の数を差し引いた数値。

(13) 後の八幡製鐵社長、新日本製鐵初代社長。

(14) このような企業への定着化の背後には、1920年代の不況とともに、すでに述べた企業の永続化があったものと思われる。この点については前章参照。

(15) 前章でも触れたとおり、戦前には工場法施行令による規制等を除き解雇に関する規制がなく、民法の解雇自由の原則が適用されていた。濱口(2007)参照。

(16) ただし、1916年の卒業から10年以内となると1927年の昭和金融恐慌より前なので、1920年の反動不況と1923年の関東大震災による恐慌を指している。

(17) ただし、森川（1991）が指摘するように、そのような考え方は高等教育機関で学んだ新知識に対する過大な評価を含んでおり、この意味で「多分にイリュージョンを含んでいた」ということになろう。

終章　「コロナ後」の経営

(1) 長期的関係といってもよいのかもしれないが、長期的というだけだと関係の長さのみを問題にしているように捉えられる。また、継続的関係といってもよいかもしれないが、ここでは関係によってコミュニケーションが起こり、お互いの情報が蓄積される点を重視しているため、継続的関係という言葉も使っていない。あえていえば、関係性という曖昧な言葉が一番近いかもしれない。

(2) なお、「弱い紐帯の強さ」で有名なGranovetter(1973) の紐帯の強さは、共に過ごす時間や親密さといったもので定義されるが、本章でいう関係はお互いに対する情報の保有やコミュニケーション、あるいは継続性の想定によって特徴づけられており、このような情緒的な結合性を必ずしも意味していない。ただし、第3章や第4章で触れたようなコミュニティ化のように、関係の構築にはある種の共感や情緒的な結合も含まれていると思われ、この意味である程度重なっている。

（３）新型コロナウイルス感染症による収入減に対応した給付制度（日本における特別定額給付金等）が各国で導入されているのも、この点に対する対応である。

（４）もちろん、第3章でも述べたとおりこの点を補うためにネット上の評価の仕組みがアマゾン（Amazon）やグルメサイト等、広く見られるわけである。しかし、依頼されて評価を記入するような業者の存在も考えると、これにより企業との関係構築が不要になるほどに「騙される」リスクを低減できるとは思われない。この点については高木（２０１９、55～56頁）も参照。

（５）「新しさの不利益（liability of newness）」と呼ばれる。ただし、この仮説がどの程度正しいのかについては議論がある。この議論については例えばAbatecola, Cafferata and Poggesi（2012）参照。

（６）組織の中では一定の範囲において個人は組織の命令に従うが、一定の範囲（無関心圏）を超える命令は受容されない（Barnard, 1938, pp.167-170 邦訳１７５～１７７頁）。また、非合理的な命令が職務満足を低下させるとすれば、そのことは組織から退出する願望、すなわち企業を辞めるインセンティブを高めるが、組織から実際退出するかどうかは退出願望とともに組織から移動することのできる容易さにも影響される。ゆえに、個人が組織から退出することができる状況であれば、非合理的な命令がもたらす退出願望は実際の退出に結びつく。March and Simon（1993, pp.112-113 邦訳１１７頁）。

あとがき

本というものがしばしばそうであるように、この本もめぐりあわせの中で生まれてきた。

2020年の5月、新型コロナウイルス感染症の拡大により、在外研究先のロンドンからやむなく帰国し、2週間の自宅待機を終えた後の私のところに、旧知の編集者である中央経済社の土生健人さんからメールが届いた。その内容は、同社の緊急情報発信サイト『新型コロナ危機下のビジネス実務』に記事を書いてほしいというお話であった。その頃、たまたまフェイスブックで戦前の感染症に関する記事を書いていたために、戦前における感染症と経営の関係についての記事ならば1つぐらい書くことができるのではないかと考え、お引き受けした。

この時に執筆した記事「感染症と『死』、そして企業経営―戦前の日本社会から「コロナ後」を考える―」(https://covid19-businesspractices.com/2020/05/22/spanishflu/)が思いのほか好評だったこともあり、続編を依頼されるとともに、このアイディアを発展させて本にすることはできないだろうかというお話をいただいた。最初の記事を論文にしたり(これは同じタイトルで『企業会計』72巻8号に掲載された)、続編(https://covid19-businesspractices.com/2020/06/09/thewindrises/, https://covid19-businesspractices.com/2020/06/25/shorttermism/)を執筆しながらしばし悩んだ末、最終的にお引き受けし、書き上げたのがこの本ということになる。

著者としては、この本には「コロナ後」の経営について戦前の日本企業の経営をもとに考えるという目的とともに、戦前日本の経営や社会について関心を持ってもらうという目的も持たせているつもりである。もちろん、この本が「コロナ後」の経営について考えるきっかけになればよいと思っているが、それだけでなく、この本を読んで戦前の日本企業や日本社会に関心を持ってくださる人が増えれば、著者としてはなお一層幸せである（ただし、この本は歴史を題材としているものの、私はいわゆる歴史家ではないため、できれば専門の歴史家の本を読んでみてもらいたい）。

さて、先に述べたように、この本はめぐりあわせの中で生まれてきた。それは単に前述のような執筆の経緯だけでなく、これまでの様々な人々と会う中で考えてきたことがこの本につながっているからである。改めて、ここで感謝の言葉を申し上げておきたい。

まず大学院生の頃から指導してくださった先生方、とりわけ高橋伸夫先生（東京大学）、橘川武郎先生（東京大学名誉教授、国際大学）、岩井克人先生（東京大学名誉教授、国際基督教大学）に。お読みいただくとわかるかもしれないが、この本の基礎にあるのは、高橋先生から教えていただいた経営や組織に関する考え方である。この本を書いている際は、自分が高橋先生の教え子であることに改めて感謝していた。また、経営史の世界での指導教員である橘川先生がいらっしゃらなかったら、私が戦前の日本企業について書くことはなかっただろう。先生の考えておられる応用経営史とこの本のアプローチは異なるかもしれないが、応用経営史の1つのあり方だと思ってお許しいただければと思っている。そして岩井先生は直接のゼミ生ではないにもかかわらず、研究会等で様々な指導をいただいた。この本が経済理論と戦前日本の事例、そして現実への提言を若干なりとも上手く関連付けられているとすれば、それは先生の教えの賜物である。改めて先生方には深く感謝申し上げたい。また、岩井克人先生には本書の推薦をいただいたことにも感謝したい。

そして現在の職場、東京大学大学院総合文化研究科国際社会科学専攻の同僚たち、とりわけ佐藤俊樹先生に。佐藤先生には着任以来いわば兄貴分として、研究面から学内行政面まで相談に乗っていただき、本書の原稿にもコメントをいただいた。これまでのお世話になったことに改めて感謝を申し上げたい。もちろん、その他の先生方、そしていつもお世話になっている助手の石川ゆう子さんにも日頃のご迷惑のお詫びとともに感謝申し上げたい。

次に、この本に共同研究の成果を使うことを許してくださった共同研究者たち、前島志保先生（東京大学）と松中学先生（名古屋大学）に。職場の同僚としても苦労をともにした前島先生、国際学会等でお会いするたびに研究だか雑談だかわからない話に付き合ってくれる松中先生には改めてお礼を申し上げたい。

そして友人たちに。本来はすべての友人たちの名前を出してお礼を申し上げたいのだが、それは不可能なので、この本にかかわるところで教えを乞うたり、応援してくださった方々の名前のみでお許しいただきたい（五十音順）。荒田映子先生（慶應義塾大学）、岩尾俊兵先生（明治学院大学）、杉山里枝先生（國學院大學）、鈴木貴宇先生（東邦大学）、高田晴仁先生（慶應義塾大学）、永井久美子先生（東京大学）、中泉拓也先生（関東学院大学）、長谷川貴陽史先生（東京都立大学）、福田武史先生（武蔵大学）、藤岡里圭先生（関西大学）、宮田憲一先生（明治大学）、村松幹二先生（駒澤大学）、飯塚陽介先生（帝京大学）。とはいえ、やはりすべての友人たちとの出会いの中でこの本はできたと思う。改めてすべての友人たちに心より感謝を申し上げたい。

そして、この本が世に出るきっかけを作り、さらにこの本の完成まで一緒に走ってくださった土生健人さん、またこの本に関係したお仕事をしてくださった中央経済社の関係の皆様にも心より感謝申し上げる。そして、石川武美の写真の転載を快く許してくださった、一般財団法人石川武美記念図書館およびご関係の皆様の温かいご配慮にも深くお礼を申し上げたい。

この本のテーマである感染症との関係では、医療関係者や教育関係者、流通業の方々、小売店等の方々、公共交通機関の関係者等、いわゆるエッセンシャルワーカーの方々にはここで改めて感謝の念を表しておきたい。個人的には、とりわけお世話になった、とつかルーテル保育園の松川和義園長（社会福祉法人イクソス会理事長）、および園の先生方やスタッフの皆様に特に深くお礼を申し上げたい。

そして、最後に常に研究活動を支えてくれる家族、すなわち妻（猪熊）浩子と娘 青葉、息子 優、母 多恵と姉 守井麻美、そして4年前に他界した父 茂に特別の感謝を伝えたいと思う。

2021年2月　緊急事態宣言下の横浜で

清水　剛

How to Restore Trust in It. Oxford: Oxford University Press（宮島英昭監訳『ファーム・コミットメント：信頼できる株式会社をつくる』NTT出版、2014）

Okuno-Fujiwara, Masahiro（1987）"Monitoring cost, agency relationships, and equilibrium modes of labor contracts," *Journal of the Japanese and International Economies*, 1(2), 147-167.

Pfeffer, Jeffrey, and Gerald R. Salancik（1978）*The External Control of Organizations: A Resource Dependence Perspective*. New York : Harper & Row.

Piketty, Thomas（2013）*Le Capital au* XXIe *siècle*, Paris, Éditions du Seuil（山形浩生・守岡桜・森本正史訳『21世紀の資本』みすず書房、2014）

Porter, Michael E., and Mark R.Kramer（2011）"Creating shared value," *Harvard Business Review*, January-February, 62-77.

Shapiro, Carl, and Joseph E. Stiglitz（1984）"Equilibrium unemployment as a worker discipline device," *American Economic Review*, 74(3), 433-444.

Shimizu, Takashi（2019）"Small and medium-sized enterprises and their use of organizational forms in Japan after World War II," *Management and Organizational History*, 14(4), 423-441.

Simon, Herbert A.（1997）. *Administrative Behavior: A Study of Decision-Making Processes in Administrative Organizations, 4th ed.*. New York: Free Press（二村敏子・桑田耕太郎・高尾義明・西脇暢子・高柳美香訳『新版 経営行動：経営組織における意思決定過程の研究』ダイヤモンド社、2009）。

Smith, Adam（1789）*An Inquiry into the Nature and Causes of the Wealth of Nations, 5th ed.* London: W. Strahan（高哲男訳『国富論：国民の富の性質と原因に関する研究』（上・下）講談社、2020）。

Sneader, Kevin, and Shubham Singhal（2020）"3 changes businesses will need to adapt to post-coronavirus," *Fortune*, May 2, 2020 https://fortune.com/2020/05/01/business-reopen-economy-coronavirus-new-normal/.

Stinchcombe, Arthur.L.（1965）"Social structure and organizations," in March, James.（ed.）, Handbook of Organizations, Chicago, IL : Rand McNally.

Axelrod, Robert (1984) *The Evolution of Cooperation*. New York: Basic Books, 1984（松田裕之訳『つきあい方の科学：バクテリアから国際関係まで』ミネルヴァ書房、1998)。

Azariadis, Costas (1975). "Implicit contracts and underemployment equilibria," *Journal of Political Economy,* 3, 1183-1202.

Barnard, Chester I. (1938). *The Functions of the Executive*. Cambridge, MA: Harvard University Press.（山本安次郎・田杉競・飯野春樹訳（1968)『新訳 経営者の役割』ダイヤモンド社)

Becker, Gary S. (1964) *Human Capital: A Theoretical and Empirical Analysis, with Special Reference to Education*. New York: National Bureau of Economic Research, 1964（佐野陽子訳『人的資本：教育を中心とした理論的・経験的分析』東洋経済新報社、1976)

Benartzi, Shlomo, and Richard H. Thaler (1995) "Myopic loss aversion and the equity premium puzzle," *Quarterly Journal of Economics*, 110(1), 73-92.

Ben-Porath, Yoram (1967) "The production of human capital and the life cycle of earnings," *Journal of Political Economy*, 75(4), 352-365.

Freeman, John, Glenn R. Carroll, and Michael T. Hannan (1983) "The liability of newness: Age dependence in organizational death rates," *American Sociological Review*, 48(5), 692-710.

Granovetter, Mark S. (1973) "The strength of weak ties," *American Journal of Sociology*, 78(6), 1360-1380.

Hansmann, Henry, and Reinier Kraakman (2000) "The essential role of organizational law," *Yale Law Journal*, 110, 387-440.

Hunter, Janet (2003) *Women and the Labour Market in Japan's Industrialising Economy: The Textile Industry before the Pacific War*, Routledge（阿部武司・谷本雅之監訳『日本の工業化と女性労働：戦前期の繊維産業』有斐閣、2008)。

Idogawa, Masashi, Shoichiro Tange, Hiroshi Nakase, and Takashi Tokino (2020) "Interactive web-based graphs of novel coronavirus COVID-19 cases and deaths per population by country," *Clinical Infectious Diseases*, 71(15), 902-903.

Kinmonth, Earl H. (1981) *The Self-Made Man in Meiji Japanese Thought: From Samurai to Salary Man*, Berkeley CA: University of California Press（広田照幸・加藤潤・吉田文・伊藤彰浩・高橋一郎訳『立身出世の社会史：サムライからサラリーマンへ』玉川大学出版部、1995)

Maeshima, Shiho and Takashi Shimizu (2019) "For what purpose the company incorporates : Cases of japanese publishers in early 20th century," paper presented at the 23rd Annual Meeting of the European Business History Association, Aug. 29-31, Erasmus University, Rotterdam, the Netherlands.

March, James G., and Herbert A. Simon (1993) *Organizations, 2nd ed*. Oxford: Wiley-Blackwell（高橋伸夫『オーガニゼーションズ　第２版：現代組織論の原典』ダイヤモンド社、2014)

Mayer, Colin (2013) *Firm Commitment: Why the Corporation is Failing Us and*

ヴァナンス：大阪紡績会社と日本生命保険会社の事例」『大阪大学経済学』48(3・4), 176-197。

武藤山治（1963）「鐘紡を築いた苦心談」『武藤山治全集』第1巻、新樹社。

武藤山治（1966）『武藤山治全集』増補、新樹社。

森亨（2002）「日本の結核流行と対策の100年」『日本内科学会雑誌』91(1), 129-132。

森川英正（1981）『日本経営史』日本経済新聞社。

森川英正（1991）「なぜ経営者企業が発展するのか？：歴史的根拠についての一考察」森川英正編『経営者企業の時代』有斐閣。

森川英正（1996）『トップマネジメントの経営史：経営者企業と家族企業』有斐閣。

文部省調査局編（1962）『日本の成長と教育：教育の展開と経済の発達』。

薬師院仁志（2006）「近代大阪の小売商：公設市場からスーパーマーケットまで」『帝塚山学院大学研究論集 文学部』41, 37-50。

谷敷正光（2015）『戦前期綿糸紡績業における女学校の成立』創成社。

安井大真（2012）「寿命、引退、人口転換、経済成長」『国民経済雑誌』206(6), 101-111。

山口覚（2019）「大手企業と集団就職：小泉製麻における若年女性労働者の赴任と生活」『人文論究』（山口大学）69(1), 41-69。

山崎勉治（1932）『日本消費組合運動史』日本評論社。

大和和紀（2017）『はいからさんが通る　新装版(3)』講談社。

由井常彦（1979）「明治時代における重役組織の形成」『経営史学』14(1), 1-27。

結城武延（2011）「企業統治における株主総会の役割：大阪紡績会社の事例」『経営史学』46(3), 56-77。

結城武延（2012）「資本市場と企業統治：近代日本の綿紡績企業における成長戦略」『社会経済史学』78(3), 403-420。

吉浦龍太郎編（1918）『征虎記』。

吉田辰秋（1926）『サラリーマン論』大阪屋号書店。

米沢和一郎（1988）「賀川豊彦の協同組合運動」『雲の柱』（賀川豊彦記念松沢資料館）7, 91-127。

労働省婦人少年局（1952）『綿紡績工場の女子労働者：実態調査報告』。

渡邊勉（2018）「近現代日本の職業経歴の時代的変化」阪口祐介編『2015年SSM調査報告書6　労働市場Ⅰ』。

(英　文)

Abatecola, Gianpaolo, Roberto Cafferata, and Sara Poggesi (2012) "Arthur Stinchcombe's 'liability of newness': Contribution and impact of the construct," *Journal of Management History*, 18(4), 402-418.
Abbott, Brianna, and Jason Douglas (2020) "How deadly is Covid-19? Researchers are getting closer to an answer," *Wall Street Journal*, Jul. 21, 2020, https://www.wsj.com/articles/how-deadly-is-covid-19-researchers-are-getting-closer-to-an-answer-11595323801 .
Akerlof, George A. (1970) "The market for 'lemons': Quality uncertainty and the market mechanism," *Quarterly Journal of Economics*, 84(3), 488-500.

版、1989。

日生協創立50周年記念歴史編纂委員会編（2002）『現代日本生協運動史』日本生活協同組合連合会。

日本生産性本部（2018）『2018年度　新入社員　春の意識調査』 https://www.jpc-net.jp/research/assets/pdf/R37attached.pdf （2020年9月14日アクセス）。

農商務省商工局（1903）『綿絲紡績職工事情』。

野田正穂（1980）『日本証券市場成立史：明治期の鉄道と株式会社金融』有斐閣。

橋口勝利（2015）「近代日本紡績業と労働者：近代的な「女工」育成と労働運動」関西大学経済・政治研究所『大阪の都市化・近代化と労働者の権利』。

間宏（1978）『日本労務管理史研究：経営家族主義の形成と展開』御茶の水書房。

初田亨（1993）『百貨店の誕生』三省堂。

濱口桂一郎（2007）「解雇規制の法政策」『季刊労働法』217, 173-199。

速水融（2006）『日本を襲ったスペイン・インフルエンザ：人類とウイルスの第一次世界戦争』藤原書店。

樋口一葉（1976）『樋口一葉全集第三巻（上）日記Ⅰ』筑摩書房。

廣田誠・山田雄久・木山実・長廣利崇・藤岡里圭（2017）『日本商業史：商業・流通の発展プロセスをとらえる』有斐閣。

福澤桃介（1911）『桃介式』実業之世界社。

福澤桃介（1926）「重役と株主」『経済往来』大正15年9月号, 31-32。

福澤桃介・岡本学（1917）『貯蓄と投資』尚栄堂。

福本恭子（2013）「戦前における紡績業従事者の福利厚生：先進的な企業の取組み」『経営研究』64(2), 49-65。

藤岡里圭（2006）『百貨店の生成過程』有斐閣。

蓬郷巖編（1977）『岡山の奇人変人』日本文教出版。

星野周一郎（1937）「給料生活者の観たる給料生活」『社会政策時報』196, 99-112。

細井和喜蔵（1925）『女工哀史』改造社。

前島志保（2012）「消費、主婦、モガ：近代的消費文化の誕生と『良い消費者／悪い消費者』の境界について」笠間千浪編『〈悪女〉と〈良女〉の身体表象』青弓社。

前田一（1928）『サラリマン物語』東洋経済出版部。

松永安左エ門（1927）「魔物の株式会社：如何にして経営を合理化するか」『エコノミスト』昭和2年10月1日号, 62-67。

満薗勇（2014）『日本型大衆消費社会への胎動：戦前期日本の通信販売と月賦販売』東京大学出版会。

満薗勇（2019）「商店街の成立史からみた明治時代：店舗併用住宅に注目して」『比較日本学教育研究部門研究年報』（お茶の水女子大学グローバルリーダーシップ研究所）15, 69-74。

宮島英昭（2004）『産業政策と企業統治の経済史：日本経済発展のミクロ分析』有斐閣。

宮田憲一（2008）「応用経営史とはなにか？：経営史学のレーゾン・デートル再検討」『経営学研究論集』29, 147-166。

宮本又郎・阿部武司（1999）「工業化初期における日本企業のコーポレート・ガ

高橋伸夫（2016）『経営の再生：戦略の時代・組織の時代』第4版、有斐閣。

高橋正樹（2001）「『社会的表象としてのサラリーマン』の登場：戦前俸給生活者の組合運動をどう見るか」『大原社会問題研究所雑誌』511, 16-30。

高柳美香（1996）「我が国における百貨店の成立とショーウインドーの導入」『経営史学』31(4), 32-48。

竹内洋（2005）『立身出世主義：近代日本のロマンと欲望』増補版、世界思想社。

田口鏡次郎編（1929）『現代漫画大觀　第三編　漫画明治大正史』第２期、中央美術社。

田中和子（1987a）「戦前の東洋紡神崎工場寄宿係として（一）」『地域史研究』16(3), 42-62。

田中和子（1987b）「戦前の東洋紡神崎工場寄宿係として（二）」『地域史研究』17(1), 23-51。

田中耕太郎（1939）『改正会社法概論』岩波書店。

谷崎潤一郎（1983）『細雪』（全）、中央公論新社。

田村正紀（2011）『消費者の歴史：江戸から現代まで』千倉書房。

田和安夫編（1962）『戦後紡績史』日本紡績協会。

千本暁子（1998）「明治期紡績業における通勤女工から寄宿女工への転換」『阪南論集　社会科学編』34(2), 13-26。

千本暁子（2008）「日本における工場法成立史：熟練形成の視点から」『阪南論集社会科学編』43(2), 1-17。

中央職業紹介事務局（1929）『紡績労働婦人調査　職業別労働事情（五）』。

辻智子（2015）『繊維女性労働者の生活記録運動：1950年代サークル運動と若者たちの自己形成』北海道大学出版会。

土屋礼子（2006）「メディアの大衆化と広告」『アド・スタディーズ』17, 17-20。

寺西重郎（2003）『日本の経済システム』岩波書店。

東京証券取引所・名古屋証券取引所・福岡証券取引所・札幌証券取引所（2020）「2019年度株式分布状況調査の調査結果について」（2020年７月３日）https://www.jpx.co.jp/markets/statistics-equities/examination/nlsgeu000004tjzy-att/j-bunpu2019.pdf（2020年９月13日閲覧）。

東京市役所（1911）『東京市　市勢調査原表　第参巻』。

内閣統計局編（1929a）『大正九年　国勢調査報告　全国の部　第二巻　職業』。

内閣統計局編（1929b）『大正九年　国勢調査報告　府県の部　第一巻　東京府』。

内務省衛生局（1922）『流行性感冒』、平凡社東洋文庫版、2008。

内務省社会局労働部（1931）『深夜業禁止の影響調査』。

中原俊隆・木村正文・都志見隆・宇都宮治・張簡俊彰・西川濵八（1984）「わが国の産業別死亡格差に関する戦前戦後にわたる長期的観察」『民族衛生』50(3), 141-155。

中村尚史（2005）「所有と経営：戦前期の日本企業」工藤章・橘川武郎・グレン・D．フック編『現代日本企業　1　企業体制　上　内部構造と組織間関係』。

新井田剛・水越康介（2013）「百貨店の外商制度と掛売りの歴史的変遷：小売業における関係性」『マーケティングジャーナル』32(4), 63-78。

日経ビジネス編（1984）『会社の寿命：盛者必衰の理』日本経済新聞社、新潮文庫

厚生省（1978）『厚生白書』昭和53年版。

厚生省（1998）「平成10年　人口動態統計月報　年計（概数）の概況」、https://www.mhlw.go.jp/www1/toukei/10nengai_8/index.html。

厚生労働省（2017）「第22回生命表（完全生命表）の概況」（平成29年3月1日）、https://www.mhlw.go.jp/toukei/saikin/hw/life/22th/dl/22th_11.pdf。

厚生労働省（2020）『新型コロナウイルス感染症（COVID-19）　診療の手引き』第4.1版　https://www.mhlw.go.jp/content/000712473.pdf。

国税庁（1982）『会社標本調査30回記念号：税務統計から見た法人企業の実態』。

小林勇（1963）『惜櫟荘主人：一つの岩波茂雄伝』岩波書店。

齊藤佳子（2016）「戦後の洋裁学校の興隆・衰退に関わる社会的背景の要因分析」『日本家政学会誌』67(5), 285-296。

渋谷重光（1987）「昭和初期における『サラリーマン』層の位置と意識」南博・渋谷重光・岩崎隆治・伊勢戸佐一郎編『近代庶民生活誌　7　生業』三一書房。

島田俊雄（1908）『東京市の市勢調査』民友社。

嶋中雄作編（1935）『回顧五十年』（中央公論社創立五十周年記念）、中央公論社。

清水剛（1999）「戦後日本における企業の『寿命』」『経営史学』34(2), 1-21。

清水剛（2001）『合併行動と企業の寿命：企業行動への新しいアプローチ』有斐閣。

清水剛（2014）「組織・法人・株主：組織と会社形態との関係に関する理論的検討」『組織科学』48(1), 64-77。

清水剛・松中学（2020）「代表取締役の誕生」（未定稿）。

志村嘉一（1969）『日本資本市場分析』東京大学出版会。

主婦の友社（1967）『主婦の友社の五十年』主婦の友社。

新村拓（2001）『在宅死の時代：近代日本のターミナルケア』法政大学出版局。

菅山真次（1989）「戦間期雇用関係の労職比較：「終身雇用」の実態」『社会経済史学』55(4), 407-439。

菅山真次（2011）『「就社」社会の誕生：ホワイトカラーからブルーカラーへ』名古屋大学出版会。

杉本貴志（2011）「大阪における消費者協同組合運動の展開(1)：20世紀前半の消費組合運動と生協運動」大阪大都市圏地域経済研究班編『都市経済の諸相』関西大学経済・政治研究所。

鈴木貴宇（2019）『〈サラリーマン〉の文化史：近現代日本社会における安定への欲望をめぐる考察』東京大学大学院総合文化研究科博士学位論文。

繊維労働組合生活綴方編集委員会編（1954）『明日のある娘ら』三一書房。

大松博文（1963）『おれについてこい！：わたしの勝負根性』講談社。

大松博文ほか貝塚メンバー（1963）『“東洋の魔女”の五年間：ニチボー貝塚バレーチームの涙と誇りの物語り』自由国民社。

高木聡一郎（2019）『デフレーミング戦略：アフター・プラットフォーム時代のデジタル経済の原則』翔泳社。

高橋亀吉（1929）『資本主義頽廃の諸相』千倉書房。

高橋亀吉（1930）『株式会社亡国論』萬里閣書房。

高橋伸夫（1997）『日本企業の意思決定原理』東京大学出版会。

高橋伸夫（2010）『ダメになる会社：企業はなぜ転落するのか？』筑摩書房。

参考文献

岡崎哲二（2012）「経営者、社外取締役と大株主は本当は何をしていたか？：東京海上・大正海上の企業統治と三菱・三井」『三菱史料館論集』13, 67-84。

岡崎哲二・浜尾泰・星岳雄（2005）「戦前日本における資本市場の生成と発展：東京株式取引所への株式上場を中心として」『経済研究』56(1), 15-29。

岡田章（2011）『ゲーム理論』新版、有斐閣。

奥野正寛・グレーヴァ香子・鈴木伸枝（2007）「社会規範と自発的協力」『経済研究』58(2), 110-121。

粕谷誠（2006）「戦前期都市銀行における人事管理：三井銀行の事例分析、1897～1943」CIRJE Discussion Paper CIRJE-J-151。

片岡豊（1987）「明治期の株式市場と株価形成」『社会経済史学』53(2), 159-181.

加藤健太（2018）「武藤山治の株主総会運営：鐘淵紡績「株主総会議事速記録」の分析」『高崎経済大学論集』60(4), 219-248。

兼田麗子（2003）『福祉実践にかけた先駆者たち：留岡幸助と大原孫三郎』藤原書店。

川井充（2005）「従業員の利益と株主利益は両立しうるか？：鐘紡における武藤山治の企業統治」『経営史学』40(2), 51-78。

川田順（1990）『住友回想記』図書文化社（初版は中央公論社、1951）。

川本真哉（2006）「兼任役員と戦前日本企業(1)：非財閥系企業の実証分析」『経済論叢』177(2), 179-192。

神戸伸輔（2004）『入門　ゲーム理論と情報の経済学』日本評論社。

菊池城司（1997）「誰が中等学校に進学したか：近代日本における中等教育機会・再考」『大阪大学教育学年報』2, 1-22。

紀田順一郎（2005）『カネが邪魔でしょうがない：明治大正・成金列伝』新潮社。

北浦貴士（2014）『企業統治と会計行動：電力会社における利害調整メカニズムの歴史的展開』東京大学出版会。

北垣信太郎（2004）「東京帝国大学法科大学卒業生の進路分析」『東京大学史紀要』22, 1-24。

橘川武郎（2006）「経営史学の時代：応用経営史の可能性」『経営史学』40(4), 28-45。

橘川武郎（2016）『応用経営史：福島第一原発事故後の電力・原子力改革への適用』文眞堂。

キャリアデザインセンター・CDC総研（2012）『キャリアデザインレポート2012：第15回 25-34歳ビジネスパーソンのキャリア意識調査』https://cdc.type.jp/ir/report/cd_report2012.pdf （2020年9月14日アクセス）

協調会編（1929）『最近の社会運動』協調会。

倉敷紡績株式会社（1953）『回顧六十五年』。

桑原哲也（1995）「日本における工場管理の近代化：鐘淵紡績会社における科学的管理法の導入、1910年代」『国民経済雑誌』172(6), 33-62。

結核予防会編（2019）『結核の統計2019』。

健康日本21企画検討会・健康日本21計画策定検討会（2000）「21世紀における国民健康づくり運動（健康日本21）について　報告書」（平成12年２月）、https://www.mhlw.go.jp/www1/topics/kenko21_11/pdf/all.pdf。

参考文献

(和　文)

相沢直樹（2012）『甦る『ゴンドラの唄』:「いのち短し、恋せよ、少女」の誕生と変容』新曜社。

あいち「青春の日々」刊行委員会編（1999）『「女工哀史」をぬりかえた織姫たち』光陽出版社。

青野季吉（1930）『サラリーマン恐怖時代』先進社。

赤井克己（2007）『瀬戸内の経済人：人と企業の歴史に学ぶ24話』吉備人出版。

新雅史（2013）『「東洋の魔女」論』イーストプレス。

飯島幡司（1949）『日本紡績史』創元社。

石井満（1940）『逞しき建設：主婦之友社長石川武美氏の信念とその事業』教文館。

石井里枝（2013）『戦前期日本の地方企業：地域における産業化と近代経営』日本経済評論社。

石川武美（1926）『信念の上に立つ主婦之友社の経営』主婦之友社。

石川武美（1944）『わが愛する事業』主婦之友社。

石塚純一（1998）「岩波茂雄と下中弥三郎：昭和三年前後の出版社の内的転換」『比較文化論叢：札幌大学文化学部紀要』2, 103-130。

泉麻人（2016）「銀ぶら百年　～イズミ式銀座街並細見～幻の展望ビル・天下堂のナゾ」https://www.ginza.jp/column/5828（2020年9月10日閲覧）

伊藤秀史（1999）「現代の経済学における株主利益最大化の原則：契約の不完備性と人的資本の見地から」『商事法務』1535, 5-12。

稲岡勝（2019）『明治出版史上の金港堂：社史のない出版社「史」の試み』皓星社。

稲山嘉寛（1986）『私の鉄鋼昭和史』東洋経済新報社。

井上とし（2012）『鐘紡長浜高等学校の青春』ドメス出版。

岩崎龍郎（1981）「日本における結核の歴史：結核はヨーロッパ人が伝播したのか」『結核』56(8), 407-422。

岩瀬彰（2006）『「月給百円」のサラリーマン：戦前日本の「平和」な生活』講談社。

植村正治（2017）「近代日本における工学士の省庁・地方庁・民間部門間の移動：技術普及に関する統計観察(1)」『社会科学』（同志社大学人文科学研究所）47(3), 1-41。

榎一江（2017）「近代日本のパターナリズムと福利施設」『大原社会問題研究所雑誌』705, 29-43。

愛媛県史編さん委員会編（1988）『愛媛県史　社会経済５　社会』。

大岡聡（2009）「昭和戦前・戦時期の百貨店と消費社会」『成城大学経済研究所研究報告』52。

大河内一男（1971）「解説　『職工事情』について」『生活古典叢書　第４巻　職工事情』光生館。

大宅壮一（1959）『大宅壮一選集　第７　マス・コミ』筑摩書房。

岡崎哲二（1994）「日本におけるコーポレート・ガバナンスの発展：歴史的パースペクティブ」『金融研究』13(3), 59-95。

【著者紹介】

清水　剛（しみず・たかし）

東京大学大学院総合文化研究科教授

1974年生まれ。1996年東京大学経済学部卒業、2000年同大学大学院経済学研究科修了、博士（経済学）。東京大学大学院総合文化研究科専任講師、同助教授、同准教授を経て現職。この間、ソウル大学、ロンドン・スクール・オブ・エコノミクスで客員教授、イェール大学、カリフォルニア大学バークレー校で客員研究員を務める。
専門は経営学、経営史学、法と経済学で、とりわけ企業システムおよび企業経営と法制度の相互作用に関する研究を行っている。

感染症と経営

戦前日本企業は「死の影」といかに向き合ったか

2021年５月10日　第１版第１刷発行

著　者　清　水　剛

発行者　山　本　継

発行所　㈱ 中 央 経 済 社

発売元　㈱中央経済グループパブリッシング

〒101-0051　東京都千代田区神田神保町1-31-2

電話　03（3293）3371（編集代表）

03（3293）3381（営業代表）

https://www.chuokeizai.co.jp

印刷／三 英 印 刷 ㈱

製本／誠 製 本 ㈱

＊頁の「欠落」や「順序違い」などがありましたらお取り替えいたしますので発売元までご送付ください。（送料小社負担）

ISBN978-4-502-37741-9　C3034